世界の教科書でよむ〈宗教〉

藤原聖子 Fujiwara Satoko

★——ちくまプリマー新書
162

目次 * Contents

はじめに

なぜ宗教について学ぶのか――本書の目的と特色

読者のみなさんは、「あなたは何教徒ですか？」と聞かれたらどう答えますか？　日本ではあまり聞かれることのない質問ですから、「え？」と思った人が多いのではないでしょうか。上の表は、二〇〇五年に実施された「世界価値観調査」の結果です。日本は、特定の宗教をもっていると答える人の割合が、世界の国々と比べて低い方だということがわかります。ちなみに、日本の「もっている」とした回答者

	宗教をもっている	いない＊
日本	36.5%	63.5%
イギリス	49.7%	50.3%
フランス	49.7%	50.3%
ロシア	61.6%	38.4%
アメリカ	70.4%	29.6%
韓国	71.2%	28.8%
コロンビア	86.8%	13.2%
イタリア	87.9%	12.1%
ポーランド	97.6%	2.4%
イラク	99.8%	0.2%

＊「無回答」という表現の回答。「わからない」を含む／電通総研、日本リサーチセンター編『世界主要国価値観データブック』（同友館、2008年）

の内訳は、キリスト教（カトリック・プロテスタント・正教等あわせて）二・二％、仏教三一・一％、その他の宗教三・一％でした。

特定の宗教に属しているという意識のある人が少ないだけでなく、宗教に対する不信感も強いようです。同じ調査で、「宗教心の強い人がもっと公職についた方が自国のためになる」という意見に対して「強く賛成」または「賛成」と答えた人は、日本では五％、韓国では一七・八％、アメリカでは四〇・二％、イラクでは四二・六％でした。「宗教は危ない」「信仰の強い人は公正な心をもたず、全体のためには尽くさないのではないか」と思っている日本人が多そうだということがわかります。先の質問に「自分は仏教徒」と答えた人も、必ずしも「信仰が強いのはよいことだ」と思っているわけではなさそうなのです。

他方、回答者の半数近くが「宗教心の強い人がもっと公職についた方が自国のためになる」と答えたアメリカやイラクでは、宗教をめぐって「熱い事件」が度々起きています。二〇一〇年九月には、同時多発テロ事件九周年を前に、アメリカのあるキリスト教の牧師が、イスラムの聖典である「クルアーン（コーラン）を焼く」と宣言し、大騒ぎになりました。実際、ニューヨークのテロ跡地近くで、モスク建設反対を唱える活動家の中に、クルアーンを焼いてみせる人も現れました。イラクでは、サダム・フセイン政権が、ブッシュ前大統領率いるアメリカ軍の攻撃により倒された後、同じイスラム内のスンナ派とシーア派の武力対立が続いています。

こういったニュースを見ると、「なぜ同じ神を信じているのに仲良くなれないんだろう？でも、日本にいる自分にはまあ関係ないな」と思う人が多いのではないでしょうか。どうやら、外国では宗教対立が起こっているようだが、自分は無宗教だし、とても遠い世界のことに感じる、と。

実は、その見かたこそ問題なのです。というのも、現在世界で起こっている摩擦・衝突には、異なる宗教や宗派間の対立という面もありますが、宗教を重んじる人と宗教に無関心な人とのギャップという面もあるからです。たとえばクルアーン焼却事件では、焼いた側も、それに強く抗議した信者の側も、クルアーンは信者にとってとても大切なのだ（だから焼くことは最大の侮辱《ぶじょく》になるのだ）という点では認識が一致しています。しかし、みなさんのなかには、「人間が殺されたわけじゃないし、そんなに大騒ぎしなくても。大人げない」と思う人がいるかもしれません。そのような価値観は、熱心な信者の人たちにとっては容認しがたいものです。

もう一つ例を挙げます。筆者はこのクルアーン焼却事件の一か月後、アラビア半島のイスラム国、カタールで開かれた「ドーハ宗教間対話会議」に出席しました。世界各国から、キリスト教、イスラム、ユダヤ教をはじめとする諸宗教の代表者や研究者が集まり、宗教間の対話と協力を目指した会議でした。印象的だったことの一つに、ユダヤ教正統派のラビ（指導者。僧侶《そうりょ》や牧師に近い）の発言がありました。

なんだか、大きな誤解があるようですよ。私たちが直面している問題は、宗教対立である、宗教が問題を引き起こしているとみなさん思っていませんか？　それは誤りです。人類の歴史を見るならば、もっとも戦死者が多く、もっとも大規模な破壊をもたらした戦争はみな二〇世紀に起きました。つまり、近代化によって人々が宗教を離れ、信仰を失うにつれて、戦争は深刻化したのです。一人ひとりが信仰を取り戻し、人間は神の似姿として創られたということを思い起こせば、そんな戦争や対立はなくなるはずです。

どうでしょう。このラビは「日本は無宗教の人が多いから、宗教対立もなくて、平和でよかった」と思っている人とはおよそ正反対の考えを持っています。彼にとって、ユダヤ教徒の真の〝敵〟は、イスラム教徒でもキリスト教徒でもなく、宗教を軽んじる人たちなのです。

本書は、個人的には宗教に興味はない、自分には宗教は必要ないという人ほど、世界の宗教について知ってもらいたいという気持ちから書かれています。それは、何か宗教を信じてほしいという意味ではなく、いわば「異文化」として、宗教とはどういうものかを理解してほしいという意味です。

宗教を知るための入門書はこれまでも数多く出版されていますが、本書のユニークな点は、資料として、外国で使用されている教科書を活用しているところです。その目的は二つあります。

一つは、「外国では、他人の宗教を認めるよう教育しているのか、それとも否定するよう教育しているのか」をその国の教科書から検証するというものです。日本から見ると、世界では、キリスト教、イスラム、ユダヤ教等々の宗教の間で憎しみが渦巻いているように見えがちですが、いったい、各国の公教育（学校教育）は宗教対立を防ごうとしているのか、それともあおっているのか。本書はこの疑問に答えるものです。

もう一つは、「世界の宗教の姿を、各国の現地の人たちの目を通して理解する」というものです。これについては、筆者が東京都内の高校の先生から伺った興味深いエピソードがあります。

その高校は定時制で、日本人の生徒の他、親と一緒に外国から来たという生徒も何人も通っている学校です。その先生は公民科の「倫理」の授業を担当し、毎回教科書にそって進めていたのだそうです。ところが、「仏教」をとりあげた回のことです。授業が終わると、タイ人の生徒が先生のところに、「私がタイで学んだことと違うんですけれども」と言いに来たというのです。その回の内容は、開祖であるブッダの生涯とごく基礎的な仏教思想の説明でした。いくらタイの仏教と日本の仏教は違うといっても、そのような〈基礎中の基礎〉の理解は、どこの国の仏教でも同じはずと思っていた先生はとても驚いたのだそうです。このエピソードは、どの宗教にしても、日本の教科書に書かれている情報だけでは不十分であること、そのような情報は一面的であったり、日本人の思い込みを含んでいたりする可能性があることを示唆しています。

似たようなこととしては、アメリカでは最近、裁判に至ったケースもあります。社会科の教科書でインドの宗教であるヒンドゥー教を紹介する部分があるのですが、その説明が偏っているとヒンドゥー教の団体が抗議したのです。その抗議内容は、たとえば、どの教科書もヒンドゥー教というと決まってガンジス河の沐浴《もくよく》や葬送、牛に対する神聖視、猿の王ハヌマーン（孫悟空《そんごくう》のもとになった動物神）、象の顔のガネーシャ神を載せるが、これではインド＝後《おく》れた国というイメージを子どもたちに植えつけてしまう。クラスの中にインド人の子どもがいる場合、「お前の神様はおサルかよ」といじめにもつながるのでやめてほしい、という

ガンジス河で沐浴する人々。神聖な河で身を浄《きよ》めようとしているのですが、水はきれいじゃなさそうだし、ここに遺灰も流すと聞くとアメリカの子どもたちは引いてしまうというのです。（毎日新聞社提供）

ものでした。

この抗議は、日本に対してもそのままあてはまってしまいます。ヒンドゥー教の紹介というと、日本でもまずガンジス河の沐浴シーンを出すというのは定番だからです。高校の「倫理」教科書でも、その写真を載せているものが何冊もあります。私たちは自分の学校

ガネーシャ神

で配られる教科書に載っていることは〈事実〉であり、どこでも通用する〈真理〉と思いがちです。ところがこのように、日本人としては悪気のない記述のつもりでも、それに憤慨したり、傷ついたりする人たちが世界には存在するのです。世界の教科書を教材にして、そこでは各宗教はどのようなものとして描かれているのかを知ることは、そのようなすれ違いや摩擦を防ぐのに役立ちます。信じる人にとってはとても大切な「宗教」という現象を見るときは、特別に多角的な理解が必要なのです。

なぜ「宗教に熱い」人たちがいるのか

世界の教科書を見ていく前に、なぜ世界には宗教を重視している人たちがそんなにもいるのかという背景を説明しておきます。実はこれは、昔から続いているというよりも、最近の新しい現象とみる方があたっているのです。

たとえば、イスラム・スンナ派の最高権威、アズハル大学があるエジプトのカイロ市には、現在、スカーフを被《かぶ》り腕・足を覆うイスラム服姿の女性たちが大勢います。ところが、一九六〇年代前後のエジプトでは西洋化が進み、ミニスカートをはく女性たちもいたのです。一度イスラム服をやめたのに、その後また着るようになったということです。なぜそうなったのでしょうか。

エジプトに限らず世界的には、二〇世紀中ごろまでは、宗教は近代化とともに衰退する（世俗化する）と予想されていました。日曜に教会に行く人が減少していることなどがその証拠とみなされました。ところが一九七〇年代から徐々に、世界各地で伝統的な宗教が盛り返す現象（宗教回帰）が起きたのです。たとえば、一九七八年に起こったイラン革命は、イスラムに基づき社会を立て直そうとする「イスラム復興運動」によるものでした（この宗教回帰の動きを危険だと思う人たちは、これを「原理主義」と呼んできました）。

そのときの社会変化を描いたマンガ（アニメ）に『ペルセポリス』があります。当時一〇代だったイラン人女性、マルジャン・サトラピによる自伝的な作品です。革命以前は〈洋服〉を着て、ロ

ミニスカートの女性。革命前のイランの女性誌『Khandaniha』（1972年5月号）より。

革命後の黒いベール姿の主人公。『ペルセポリス』（バジリコ、2005年）

ックなどの〈洋楽〉を聞いていた彼女が、革命とともに全身黒いチャドル（イスラム服）になり、洋楽を禁止されてストレスがたまったという話が出てきます。革命を推し進めたのは、マルジャンより一世代上の人たちでした。幼いマルジャンは、大人たちの都合で「強制された」「取り上げられた」と感じてしまったのですが、革命の主体となった若者たちは自ら進んで昔ながらのイスラムへと戻っていったのです。

同じような宗教回帰は、このイラン革命でイラン・イスラム側から敵視されたアメリカでも同時期に起こりました。アメリカの場合は、キリスト教、とくにプロテスタントの熱心な信者が増えるという現象です。彼らが、「宗教心の強い人がもっと公職についた方が自国のためになる」と考える人たちです。福音派という一大勢力を形成し、ブッシュ前大統領を支持した層と言われています（これに反対する人たちからは、やはり「原理主義」と呼ばれることがあります）。ブッシュ氏は自らも熱心なクリスチャンで、福音派は彼がその信仰に基づき政治を行ってくれると期待したのです。

科学技術が発達を続ける現代社会で、このように伝統的な宗教に戻ろうとする人々が出るのはなぜでしょうか。現代的価値観は、なによりも自由を重んじます。しかし、だれもが自分の好きなことや利益を求め、勝手にふるまうなら、社会は成り立たなくなります。それを止められるのは、人間の欲望を抑える、昔ながらの信仰心だと思った人たちが、宗教を見直すようになったのだと考えられます。

とくに、イスラム復興運動は、解放的な欧米文化にそまり、慎み深さなどの伝統的な道徳が失われることに危機感をもった人たちが、イスラムのアイデンティティ（イスラムらしさ＝自分たちらしさ）を守ろうとする動きと見ることができます。

同じことはアメリカにもいえます。アメリカでは一九七〇年前後に、ヒッピーと呼ばれる若者たちを中心にした「カウンター・カルチャー」という解放的な運動が広がりました。一人ひとりが自由な生き方を追求したのです。彼らにとってキリスト教は古臭いものにすぎませんでした。

ヒッピーたちの音楽の祭典、ウッドストック・ロック・フェスティバル。1969年。『Woodstock』(Rhino/Wea. 2009年)

カウンター・カルチャーは「愛と平和」を目指した運動だったのですが、しかしその後のアメリカではむしろ社会問題が増えていきました。離婚の増加、ドラッグの蔓延《まんえん》、犯罪の増加などです。これに危機感をもった人たちが、「古き良きアメリカをとり戻そう」として、キリスト教を盛りたてたのです。

つきつめれば、宗教に「さめている」人たちと、「熱い」人たちを分けるのは、近代化がもたらした「自由」という状況の受けとめかたです。読者のみなさんの多くは、将来の進路をどうしようか、結婚はするかしないかといった問題を、いやでも考える時期にさしかかっているのではないでしょうか。近代化以前はそういった問題で個人が悩むということは一般的ではありませんでした。どこの国・地域でも、子どもたちは家業を継ぐのが普通でした。結婚もするのがあたりまえで、その相手は、自分の家と似たような家柄の人のなかから親が見つけてくるのが習わしでした。ところが、近代化とともに、教育の自由（進学を選ぶ自由など）が増し、職業選択の幅も広がり、また恋愛結婚が普通になり、一生結婚しないという選択をすることもまれではなくなってきました。

しかし、そのように、なんでも自分で決めなくてはいけないという状況は、夢があっていいと思う人もいますが、プレッシャーに感じる人、面倒に思う人もいるものです。筆者はちょうど昨年、大学一年生向けに、キャリアデザインのための授業を担当しました。その授業にはテキストがあるのですが、その大きな柱は、「（進路を決める準備作業として）まず、自分がどういう人間なのかを理解する」「大学に入ったら、学習を含む学生生活の目標を自分でたて、その目標を達成するための方策を自分で考え、さらに自主的にそれを実行し、その結果を自分で反省し、よりよい方策を考える」というものでした。こういきなり、「もう大人なんだから、自分で判断しなさい」と立て続けにいわれると（しかも、それが必修の授業として強制されるというのがどこか矛盾しているのですが）、もちろん意欲的にとりくむ人もいますが、「うわっ」となってしまう人もいるようでした。

こうした、自由があたりまえの社会のなかに最初からいると、自由を享受するというよりも、自分はどう生きていったらいいのかと不安を覚えたり、自分らしい生きかたって何なのか（自分のアイデンティティは何か）と悩んだりということになりがちです。そんなときに、信頼できる人から、「あなたはこういった人間ですよ」「こう生きるといいですよ」と指示してもらえたら、気持ちが軽くなるのではないでしょうか。そうやって外枠を決めてもらえる方が、いいかえれば縛りをかけてもらう方が、自分の負担が減るために、逆説的にも自由な気分になれるということです。

現代社会であえて宗教を選ぶ人たちは、そのような確かな指針を求めているのだと言えるかもしれません。宗教でなくても、たとえば、流行をおいかけるという行動も、自分で決めず、他人に従うという生き方ですが、宗教は人生を根本的に、全面的に規定するものです。なにしろ、何でも自分の自由にしたいというのは、宗教においては伝統的に欲の表れとされ、よいこととはみなされなかったのですから。だからこそ、ふり子がふれるように、社会が自由になりすぎると、その反動として宗教に向かう人々が次々と出現するのでしょう。

テロ後に広がる異文化理解教育

そのような世界的な宗教回帰を背景として、一九九六年にアメリカの政治学者サミュエル・ハンティントンが『文明の衝突』を出版しました。二〇世紀の国際情勢は、第二次世界大戦後から一九八〇年代までは、資本主義と共産主義の対立（冷戦）を中心に動いていました。だがこれからは、世界の対立は異なる文明圏の間で激しくなるとハンティントンは指摘しました。なかでも西洋文明とイスラム文明、中華文明の対立が大きくなると述べ、論争を巻き起こしました。西洋文明はキリスト教を伝統とする文明圏ですから、ハンティントンのいう「文明の衝突」は「宗教の衝突」という意味を帯びていました。

このハンティントンの予想が当たったかのような事件が、二〇〇一年にアメリカで起きた同時多発テロであり、世界に大きな衝撃を与えました。これに対してアメリカは、アフガニスタン攻撃やイラク戦争など「テロとの戦い」を開始しましたが、イラク、イスラエル、イギリス、インドネシアなどで新たなテロが発生し続けました。

これらのテロの背景には、アメリカをはじめとする欧米諸国の経済・政治的支配に対する、中東・アフリカ・アジアのイスラム社会の怒りがあると考えられています。グローバル化の中で欧米の多国籍企業に富が集中し、世界の経済格差が広がったことや、アメリカの支援を受けるイスラエルが、貧しいイスラム教徒の多いパレスチナを抑圧してきたことへの抗議だというのです。

しかし、これらのテロは、欧米諸国に反省を促すだけでなく、「イスラム教徒は暴力的で怖い」というステレオタイプ（決めつけ・偏見）を強化してしまいました。このため、欧米諸国内のイスラム教徒は暮らしにくくなるという問題が生じました。二〇世紀後半以降、仕事を求めて欧米諸国に移住するアジア人、アフリカ人等が増えており、そういった外国人と同じ街に暮らすことを快く思わない人たちもすでに出ていたのですが、テロをきっかけにその反外国人感情が高まったのです。

この問題に対する処方箋《しょほうせん》として、他者の宗教

『TIME』誌の同時多発テロ特集号。(2001年9月17日号)

に対する理解と寛容の態度を養う多文化主義教育・異文化理解教育が、国際的に推進され始めました。これからの世界がどうなるかは、次世代の教育にかかっていると考えられているためです。「寛容」という言葉には、「許してあげる」的な、上から目線のニュアンスもありますが、英語では“tolerance”と“toleration”を区別しています。“toleration”が自分の気に入らない行為を黙認する（許す）ことを指すのに対し、“tolerance”は独断的ではないものの見かた、他人の意見に対するオープンな態度を指すのです。ここでいう寛容とは、もちろん“tolerance”の方です。

世界の子どもたちは「愛」を学んでいるのか、「憎しみ」を学んでいるのか

それでは、そういった宗教理解と寛容のための教育の中身はどのようなものでしょうか。各国の教育は、いまどのくらいその方向に向かっているのでしょうか。

それを知るために、章ごとに、学校で実際に使われている教科書を見ていきます。とりあげるのは、アメリカ、イギリス、フランス、ドイツ、トルコ、タイ、インドネシア、フィリピン、韓国の九か国です。このうち、イギリス、ドイツ、トルコ、タイ、インドネシア、韓国では、公立校にも「宗教科」の授業があります（注：韓国では、制度上は可能なのですが、

実際には行われていないそうです）。アメリカ、フランス、フィリピンは、日本と同じで、「宗教科」はキリスト教などの宗教系の学校だけの授業です。公立校にも宗教科のある六か国についいては、その宗教の授業で使用されている教科書を選び、他の三か国については、歴史や公民などの社会科教科書のなかで宗教が描かれている部分を拾っていきます。

宗教科の授業もさらに二種に分けることができます。一つは「統合型」で、これは同じクラスの中にキリスト教徒もいればイスラム教徒、仏教徒、さらには無宗教の生徒もいるという形です。これはイギリスやドイツの一部の州で実施されています。もう一つは「分離型」で、宗教別に授業が行われます。つまり、キリスト教徒とイスラム教徒、あるいは無宗教の生徒は、同じ学校の生徒であっても別々に授業を受けるのです。本書でとりあげる国では、トルコ、タイ、インドネシアと、ドイツの多くの州はこのスタイルをとっています。

分離型の宗教の授業は本来、自分の信仰を深めるためのものです。そのような授業では、自分の宗教以外のことは軽く扱ったり、下に見たりしているのでしょうか。逆に、統合型の授業では、平等は実現できているのでしょうか。移民の子どもたちが肩身の狭い思いをするようなことはないのでしょうか。そのような問題意識をもって、教科書は、はたして「愛」を教えているのか「憎しみ」を教えているのかを、国ごとに調べていきたいと思います。

これから各国の宗教や教育の現状を概観しながら、教科書を紹介していきます。教科書は、話題性のあるもの、共存のための新しい試みを実現しているもの、その国でもっともよく使われているものなど、さまざまな観点から選びました（本書では、教科書の一部を引用することしかできませんが、全文を通して読みたい人のために、各教科書の翻訳が電子書籍〈DVD・カラー〉で出版されています〈『世界の宗教教科書』大正大学出版会。問い合わせ先：ティー・マップ〇三―五三九四―三〇四五〉）。日本からぐるりと東まわりに、アメリカ、イギリス、フランス、ドイツ、トルコ、タイ、インドネシア、フィリピン、韓国の順序で進めていきます。

第1章　アメリカ——イスラムを敵視しているのか？

Across the Centuries
(Houghton Mifflin Company)

世界各地からの移民が築いたアメリカは、宗教も多様です。とはいっても、現在なお、圧倒的多数はキリスト教徒で、全人口の約七五％を占めます（うち、プロテスタント約五〇％、カトリック約二四％、正教一％弱）。他に、ユダヤ教徒が二％弱、イスラム教徒・仏教徒・ヒンドゥー教徒があわせて二％弱です（二〇〇八年の調査。残りは無宗教など）。

しかし、アメリカは憲法上はキリスト教国ではなく、政教分離制です。このため、公立校では、朝礼でキリスト教式の祈りをしたり、キリスト教の信仰を育む授業をすることは禁じられています。そういった宗教教育は、キリスト教系の私立校に限定されているのです。

そこまでは日本と同じなのですが、見ようによっては、アメリカの方が分離により厳格かもしれません。というのも、日本では公立の小学校でもクリスマス・パーティをやることがありますが、アメリカの学校は逆に慎重だからです。日本のクリスマス・パーティは「お楽しみ会」のようなものですが、アメリカではクリスマスはれっきとした宗教行事とみなされるため、公立校で祝うならば政教分離に反してしまうのです。いくら生徒にクリスチャンが多いといっても、キリスト教という特定の宗教のお祭りを学校が主催するのは、ユダヤ教徒やイスラム教徒に対して不公平になるのです。

このような多民族共存のための工夫は、アメリカが歴史の中で徐々に生み出してきたものです。ところがそこに、ニューヨークの世界貿易センタービルが一瞬のうちに破壊されるという大きなテロ事件が起きました。二〇〇一年の同時多発テロです。その実行犯はイスラム教徒だと言われました。そのことはアメリカの学校教育にどのような影響を与えたのでしょうか。

二〇〇一年同時多発テロの影響

二〇〇一年九月一一日のテロから数か月後、カリフォルニア州の公立中学校である事件が起きました。「歴史の授業で、子どもたちがイスラム教徒の格好をさせられ、アッラーへの祈りを唱えさせられた」と一部の父母が激しく抗議したのです。本当に何があったのかは、今ではやぶの中です。

あえて想像すれば、その担当の先生は、生徒をイスラム教徒に改宗させようとしたのではなく、イスラム教徒＝テロリストという恐怖と偏見が広がるなか、イスラムに親しみをもってもらおうとしたのではないかと思います。そのために、ターバンとクルアーン（コーラン）の実物を教室にもってきた。好奇心旺盛《おうせい》な生徒は、ターバンを被《かぶ》ってみたかもしれません。クルアーンの一節を声に出して読んでみたかもしれません。その話が親に伝わるうちに、「イスラムの信仰を強制された」「子どもたちをテロリストにしようとしている」という話に変わっていったのかもしれません。

このような善意の異文化理解教育が、テロ後の極度の緊張状態のなかで、「イスラムびいきだ」と受け取られたということはありえます。真相はわかりませんが、確かなのは、その授業で使われていた教科書がどれであったかということと、その教科書も、その後「イスラムびいきだ」と叩《たた》かれたということです。

そこで、その教科書に本当にそのような問題があるのか、確かめてみようと思います。大手出版社の『世紀を越えて』（*Across the Centuries*）という中学生用世界史教科書（七学年、一二～一三歳用）で、中世を中心とした巻です。

全体的に、イスラム教徒＝暴力的というステレオタイプ（決めつけ・偏見）を与えないようにしようという配慮は見てとれます。たとえば、各章に、「歴史の一コマ」という印象的なページがあるのですが、西洋の中世に関する章では十字軍兵士が、日本の中世に関する章では鎌倉時代の武士が描かれているのに対し、中東の中世の章ではそれがアッバース朝の学者なのです（三〇ページ）。「ジハード（聖戦）だ」と叫び、剣を振りかざして戦うイスラム教徒ではなく、「知恵の館」で静かに研究に励む、知的なイスラム教徒なのです（日本から見ると、日本人＝サムライのステレオタイプの方が気になるくらいです）。

その「ジハード」という言葉の説明についてはどうでしょうか。日本では、同時多発テロ以降、「イスラム教徒は怖い」という一面的なイスラム観を防ごうとする識者たちが、テレビや新聞で次のように説いていました。「ジハードという言葉は、よく聖戦（宗教的目的・大義による戦争）と訳されてきましたが、もとは「努力する」という意味にすぎません。イスラムでは自衛のための戦いしか認められていません。過激な暴力行為はごく一部の信者の暴走によるものなのです」と。この説明は日本の歴史教科書、公民教科書にも取り入れられるようになりました。

『世紀を越えて』はテロの前、一九九九年に出版されたものですが、「ジハード」については、この新しい方の解釈を採用しています。

しばしば誤解されるイスラムの用語にジハードがある。この言葉は、「奮闘する」こと、すなわち誘惑に抵抗し悪を克服するよう、できる限り努力することを意味する。状況によっては、悪を克服する奮闘は行動に出ることを必要とする場合もある。クルアーンやスンナ［ムハンマドを模範とする、信者としてのふるまい方をまとめたもの――著者注］は、自衛や戦争への参加を認めるが、攻撃や迫害を受けたときの防衛権にそのような戦闘行為を制限している。例えば、最初のジハードは、ムスリムにイスラムを信じそれを広めることを禁じたメッカの人々に対して行なわれたものであった。イスラムは六〇〇年代に宗教を強制することを禁じたが、当時、世界のほとんどの支配者たちは、その臣民が従うべき宗教を決定し、それを拒否した人々を迫害していた。（*Across the Centuries*, p.64）

この記述がイスラムをかばい、偏っているというのでしたら、日本の教科書もそうだということになってしまうでしょう。

また、この教科書は、イスラム教徒の戦争をすべて省いているわけではなく、むしろ日本では高校の教科書にも載らない、ウマイヤ家をアッバース家が滅ぼしたときの「死の晩餐《ばんさん》」

「インク、ペン、紙：学者はアシを短く切り、形を整えたペンで字を書いている。インクは、煤《すす》やアラビアゴムから作られた。紙はバグダッドの製紙工場で綿の繊維から作られたものである。」

（*Across the Centuries*, p.91, 233, 258）

左上：歴史の一コマ――十字軍兵士

1192年10月20日午後3時32分、オーストリア・テミッツ郊外の野原で、剣をふりかざす兵士。

右上：歴史の一コマ――鎌倉時代の武士

1274年11月18日夜10時6分、九州・博多。明日の早朝、モンゴル軍が襲来するという知らせを受けて、出陣の準備をする武士。

下：歴史の一コマ――アッバース朝の学者

832年2月15日午後3時20分、バグダッドにできた「知恵の館（バイト・アル・ヒクマ）」の書斎で、研究に励むイスラム学者。一つ一つのアイテムに、当時のイスラム文明を理解するための細かい説明がついています。（上から時計回りに）

「本棚：バイト・アル・ヒクマの本の多くは、この館で翻訳され、複写され、製本されたものである。書道家や芸術家がそれらの本を美しく装丁した。」

「胃袋：この学者は空腹である。彼は夜明けから断食している。ラマダン月はすべてのムスリムにとって断食の月だからである。彼は日が沈むのを待っている。日が沈めば祈りをささげたのちに、夕食を楽しめるのである。」

「クルアーン：敬意の印として、クルアーンには専用の台がある。台は南東アジアから輸入された香りのよい白檀《びゃくだん》に彫刻を施したものである。この学者のクルアーンは幾何学模様で飾られている。」

「書物：彼は哲学、天文学、数学、医学を含む世俗的・宗教的テーマの本からメモをとっている。本はギリシャ語、ヘブライ語、シリア語、ペルシャ語から翻訳されている。」

「ターバン：学者のターバンは、何ヤードもの上質な綿のモスリンでできており、頭に巻きつけられている。服はダマスク織、ダマスカスの織工の特産品である。」

の伝説まで書かれています。

ある物語によれば、アッバースの将軍のひとり、アブドゥラは、八〇人のウマイヤ家の指導者を宴会に招待した。ウマイヤの客が食事をしている間、アブドゥラは部下に彼らを暗殺するよう命じた。(p.84)

つまるところ、この教科書をめぐる一連の騒動が投げかけたのは、「中立・公平とはどういうことか」という問題です。キリスト教からは十字軍兵士を、日本からは武士を選ぶのなら、イスラムからも戦士を選ぶのが公平なのか。それとも、「イスラムは怖い」という世間にすでにあるマイナスイメージに対し、バランスをとるために、教科書ではあえて異なるイスラム像を出すのがよいのか。しかし、怖いイスラム教徒もゼロではないというのが事実ならば、どのくらい怖くない話を入れ、どのくらい怖い話を入れるのがちょうどよいのか。『世紀を越えて』はこの問題に一つの答えを出したのですが、それがアメリカ人全員に通じるものではなかったのです。しかし、筆者が読んだ限りでは、日本の現在の基準なら、「イスラム寄りすぎる」と教科書検定で問題になることはないでしょう。

筆者がむしろ「どうかな？」と感じたのは、この教科書で指示されているアクティビティ（生徒が主体的に学ぶための体験学習的課題）です。この教科書は、「共感をもって歴史を理解しよう」という方法をとっており、ところどころで歴史上の人物になったつもりで劇をしてみよう、作文を書いてみようという課題が出てきます。

たとえば、先ほどの鎌倉時代の武士のイラストにつけられたアクティビティは、「武士の口上を書いてみよう」という作文です。「侍は戦いの前に、「やあやあわれこそは」と自分の素性や武勇を明かすスピーチをする。このイラストの侍はどんなことを言うだろうか」という課題です。この課題を出しても、「この教科書はアメリカ人の生徒を武士にしようとしている」と抗議する人はおそらくいないでしょう。しかし、同じような作文がイスラム教徒についてもあるのです。自分が六三二年のアラビア半島にいたイスラム教徒だとして、日記を書いてみて、という課題です。

自分が回心したばかりのムスリムで、ムハンマドがちょうど亡くなったと知ったと想像してください。自分の考えや感じていることを述べた日記を書いてください。（p.67）

どうでしょう。これについては、「なぜイスラム教徒にならなくちゃいけないんだ」と反発する人も、「信じてもいないのに、信者になったつもりになるというのは、かえって信者に失礼では」と心配する人も、「そんなこと、私たちが勝手に想像していいの？　そもそも当時のアラブ人は日記を書いたの？」といぶかる人も出てくるのではないでしょうか。

さらには、グループ学習として、「段ボールで小さなモスクを作ろう」というアクティビティもあります。作るのはまだいいとしても、できあがったモスクをその後どうするのでしょうか。ずっと教室に置いておけないとしたら、捨てるしかない、でも、模型とはいえモスクがゴミ箱にポイとされるのを信者が見たら、どう思うでしょう。

生徒に楽しく主体的に学ばせようという授業の工夫それ自体はとてもよいものですが、宗教が題材になると注意が必要なことが出てくるのだというのがこれらの課題からわかります。『世紀を越えて』はまだまだ改良の余地がありそうです。

アメリカの仏教と日系移民

同時多発テロから約半世紀前、第二次世界大戦中は、アメリカの敵国は日本を含む枢軸国《すうじくこく》でした。アメリカと日本の歴史認識の違いとして、日本ではよく、広島・長崎に投下された原爆のとらえかたが話題になります。日本では、原爆は非人道的な兵器とされますが、アメリカでは、今でも半数以上の人が、第二次大戦を終わらせるには必要だったと、原爆投下をそれほど悪いこととはしていないと聞きます（二〇〇九年クインピアック大学の調査）。

しかし、すべてのアメリカ人が、子どもたちにそう教えればよいと思っているわけではありません。教師のなかには、むしろアメリカ人の多数派である白人に、アジア人を差別する意識があることを反省し、対等な関係を築こうとしている人たちもいます。そのような教師をサポートする、アメリカ史の副読本、「アメリカ人の生活のなかの宗教」シリーズから一冊をとりあげます。『アメリカにおける仏教徒・ヒンドゥー教徒・シーク教徒』（*Buddhists, Hindus, and Sikhs in America*）というタイトルで、一九世紀以降アメリカに移住してきたアジア人たちが、新しい環境のなかにどのようにそれぞれの宗教を根づかせていったかという内容です。

ヒンドゥー教、シーク教はインドの宗教で、信者も多くはインド人です。それに対して、仏教徒には、東アジア人、東南アジア人、南アジア人などが含まれます。ここでは仏教にしぼって見ていきましょう。

Buddhists, Hindus, and Sikhs in America
(Oxford University Press)

アジアからの仏教徒がアメリカに本格的な移住を始めたのは一九世紀半ば以降で、まず中国人、そして日本人が続きました。定住した日本人移民は、日系アメリカ人とも言います。スリランカ、タイ、カンボジアといった南・東南アジアからの仏教徒移民が増えるのは一世紀後、一九七〇年代からです。この新移民に比べ、一九世紀の東アジア系移民に対しては、アメリカ人の差別も露骨で激しいものでした。日系アメリカ人は苦労をしながら自分たちの仏教の信仰を守ったというエピソードがつづられています。

たとえば、左ページは、一九一四年、カリフォルニア州オークランドの仏教会での日系アメリカ人たちの記念写真です。仏教にあるのはふつうは「寺 temple」で、「教会 church」とはいいませんね。これは、まわりの反日感情を意識しての工夫だったのです。キリスト教のように「教会」と名づけるのは、「私たちはキリスト教に対抗しようとしているわけではないのです」というメッセージだったのです。建物のつくりも、寺というより教会に近いことがわかります。また、女性たちが仏教会での活動の中心だったこともうかがわれます。

ここで読者のみなさんは違和感をもつかもしれません。日本人にそんなに熱心な仏教徒はどのくらいいるのだろうか、と。もし自分がアメリカに行ったとしても、この人たちのように寺に通ったりしないよ、と。

A Buddhist priest poses with some members of the Oakland Buddhist Church in California in 1914. Like most of the early Japanese *bukkyokai* (Buddhist associations or temples) in the United States, the Oakland temple probably adopted the mainstream American term "church" in response to anti-Japanese sentiment.

オークランド仏教会
副読本の説明「**1914 年、カリフォルニア州、オークランド仏教教会のメンバーとともにポーズをとる仏教布教師。アメリカにおける初期のほとんどの日本仏教会（仏教徒団体、または寺院）と同様、オークランドの寺院も反日感情に配慮して、アメリカ人主流派の用語「教会」を用いたのであろう。**」（p.14）

これは日本人に限ったことではないのですが、祖国を離れ、まったく別の文化・社会のなかに飛び込むと、逆に先祖伝来の伝統文化や習慣を守りたくなるという現象がしばしば起こります。広いアメリカで、「自分はいったい何者？」という疑問をもったとき、「自分は日本から来た日系人だ。先祖代々の宗教は、まわりのアメリカ人とは違い、キリスト教ではなくて仏教だった。これを捨てるのは、自分のルーツを断ってしまう行為だ。大事にしなくては」という意識が生まれるということで

Prisoners at the Granada Relocation Center in Amache, Colorado, dance at a Bon Odori festival dance that the Granada Buddhist Church sponsored. The party was held at night on the center's baseball diamond.

第二次世界大戦中、日系人が強制収容されたこと、その収容所のなかで日系人がつらい思いをしたことも書かれていますが、仏教習俗である盆踊りを楽しんだことも記されています。なお、全米で収容された日系人のうち、約30%がキリスト教徒、55%以上が仏教徒だったと記録されています。渡米してキリスト教に改宗する人もいれば、仏教を意識して信仰するようになった人もいたということです。

副読本の説明「**グラナダ仏教教会主催の盆踊り祭で踊る、コロラド州アマチにあるグラナダ強制収容所の収容者たち。この祭りは夜、収容所内の野球場で行われた。**」(p.32)

す。このため、日系アメリカ人は、自分たちのアイデンティティとして、仏教に改めて向き合うことになったのです。

アメリカ社会に受け入れてもらえるよう、キリスト教に半分合わせながらも、自分たちらしさを保とうとする、日系アメリカ人仏教徒の姿が、この副読本では図版とともに詳細に描かれています。読んだ子どもたちが自然に感情移入をし、「日系人、がんばれ」となるように。

彼らの子孫やその後移住してきた日系人は、現在もカリフォルニアやハワイを中心に、全米で一二〇万人

long recognized the so-called "problem" that the second generation of any immigrant group poses to its parents. Born and raised in U.S. society, the children quickly take on American cultural traits, and this American-

This racist woman was so strongly opposed to Asian immigration that she plastered her Los Angeles home with the message. In 1920s America, anti-Asian sentiment ran high.

「日本人は出ていけ」という看板を掲げる1920年ごろのロサンゼルスの民家。第二次世界大戦の前から日本人が近隣に住むことを嫌がる人たちはいたのです。

副読本の説明**「この人種差別主義者の女性はアジア人の移住に強く反対し、ロサンゼルスの自宅にこのメッセージを掲げた。1920年代、アメリカでは反アジア感情が高まっていた。」**(p.27)

以上暮らしています。この本には、宗教や民族を異にする人たちと共存するには、過去に、迫害や差別を受けた人たちがいるなら、その人たちを苦しめた側が、そのことを忘れずに反省すべきだという考えがとても明確に表れています。

These Buddhist baby boomers, children born soon after the end of World War II, parade in traditional Japanese robes in New York City in 1953.

(BMNA) temples. Tensions arose at times among the different Buddhist groups, and compromises were often necessary to accommodate the variety of practices and beliefs among the prisoners. Some Buddhist leaders sought closer unity by forming inter-Buddhist organizations like the United Buddhist Church and the Buddhist Brotherhood of America. The BMNA emerged from the relocation experience as a new organization, the Buddhist Churches of America (BCA), established in 1944.

The BCA brought a major shift toward Americanization. Formal ties with Japan diminished, the use of English in temple activities increased, and the younger generation of Nisei took over the official leadership of the national organization. Decades later, as the BCA celebrated the 100th anniversary of its founding as the Young Men's Buddhist Association, some within the denomination questioned whether Americanization had gone too far, and discussions arose as to whether the BCA should substitute a Buddhist term for the Christian-

これは稚児行列（稚児成り）のようです。第二次世界大戦後、市民生活に復帰した日系人による、ニューヨークでのイベントの光景です。

副読本の説明**「第二次世界大戦の終結後に生まれた子どもたち、いわゆる仏教徒ベビー・ブーマー。1953年、ニューヨーク・シティで、伝統的な日本の着物を身につけてパレードを行う。」**（p.38）

Zen Buddhism attracted the most converts, largely through the efforts of Japanese teachers who set up meditation centers in major U.S. cities. Two followers of Soyen Shaku, a delegate to the 1893 World's Parliament of Religions, opened important centers in the 1930s. One of these followers was Shigetsu Sasaki, also known as Sokei-an, who founded the Buddhist Society of America in New York City in 1931. Sokei-an once remarked that establishing Zen Buddhism in America would be as difficult as getting a lotus plant to take root on a rock—it would require many patient years of holding the lotus to the rock. After his death in 1945, Sokei-an's American wife, Ruth Fuller Sasaki, carried on his work at the New York center, now called the First Zen Institute of America.

The Young Buddhist Association (YBA) baseball team of the New York Buddhist Church, a Buddhist Churches of America (BCA) temple, in 1950. YBAs organized social activities for the American-born generations of Japanese-American Buddhists.

YMCA は読者の皆さんも聞き覚えがあるかもしれませんが、「キリスト教青年会」という意味なのです。クリスチャンの若者のための教育・福利を目的とした、イギリス・アメリカで発展した団体で、とくにスポーツを盛んに振興しました。この写真は、日系人がそれにならって作った「仏教青年会 YBA」の野球チームです。

副読本の説明「**1950 年、アメリカ仏教教会（BCA）の寺院、ニューヨーク仏教教会に属す青年仏教会（YBA）の野球チーム。YBA は日系アメリカ人仏教徒のアメリカ生まれの世代のために、様々な社会活動を組織した。**」（p.41）

第2章　イギリス——となりの〇〇教徒と学び合う

Muslims (Heinemann Educational Publishers)

二〇〇一年の国勢調査によれば、イギリスでは人口の約七二％がキリスト教徒、三％がイスラム教徒、一％がヒンドゥー教徒、〇・六％がシーク教徒、〇・五％がユダヤ教徒、〇・三％が仏教徒です。特徴は、かつてイギリスの植民地だった国からの移民が多いということです。つまり、一口にイスラム教徒といっても、イスラム諸国からまんべんなく来ているのではなく、パキスタン、バングラデシュ、インドなど、もと植民地で、国内に十分な仕事がないという国からの移民が多いのです。

読者のみなさんは、どこの出身でも、イスラム教徒ということには変わりがないのではないかと思うかもしれませんが、けっこう違いもあるのです。筆者がそれを痛感したのは、イギリスの宗教科の授業でつかわれている教材を取りよせた時のことでした。カタログに、「結婚衣装セット」とあったので、イスラムのもののほか、インドの宗教であるヒンドゥー教、同じくインド生まれのシーク教のものを注文してみました。ところが、驚いたことに、届いた三つのセットの中身はほとんど同じものでした。花嫁の衣装はみな、全身赤で、テイストも似ています。ヒンドゥー教はサリー、イスラムはスカート、シーク教はズボンというくらいの違いはありますが、装飾品はみな同じ。そして花婿の衣装は全く同じものが入っていました。ターバンは微妙に違うのですが、ターバンという被《かぶ》りものが付いているところは共通です。

この本では色まではお見せできないので、大正大学の１年生が作成したYouTube動画を紹介します。この教材の結婚衣装を試しに自分たちで着てみました！「世界の結婚式」http://www.youtube.com/watch?v=QXoLibjZ3_Y

これはどういうことかというと、この教材のイスラムの衣装は、インドやパキスタンの地域限定のイスラム教徒のものなのです。イスラムには世界共通の結婚衣装というものはなく、これらは「南アジア文化圏」というくくりのなかの三宗教の衣装なのです。日本にいると、「キリスト教式」「神前式」というように、結婚式は宗教ごとに分かれると思い込みがちですが、この例は、宗教（イスラム）のくくりよりも地域（南アジア諸国）のくくりの方が強いということを示しています。

イギリス在住のイスラム教徒は、インドとその隣国の人たちが圧倒的に多いといいましたが、イギリス国内でイスラム教徒の挙式があるときは（西洋式ではなく伝統式でやる場合ですが）、このような衣装をまとったカップルを見るのがふつうなのでしょう（ちなみに、イギリスのシーク教徒の結婚式は、『ベッカムに恋して』という映画で見ることができます）。

「生きた宗教」について学び合う

このような教材まで販売されているように、イギリスは、宗教・民族を異にするイギリス人同士の相互理解を促進する、「統合型」宗教教育の草分けです。憲法上はアメリカとは反対に国教制で、イングランドは英国国教会、スコットランドは長老派というプロテスタントの一派を国教としています。そして、公立校でも「宗教」の授業が小学校から中学校まで必修になっています。しかし、だからといってその授業では、国教である英国国教会の教えだけを学ぶということはありません。公立である限りは、多様な信仰をもつ生徒たちが一緒に、四二ページの統計に登場する六つの宗教について学びます。相互理解を深めることが共生の基礎になると考えられているのです。

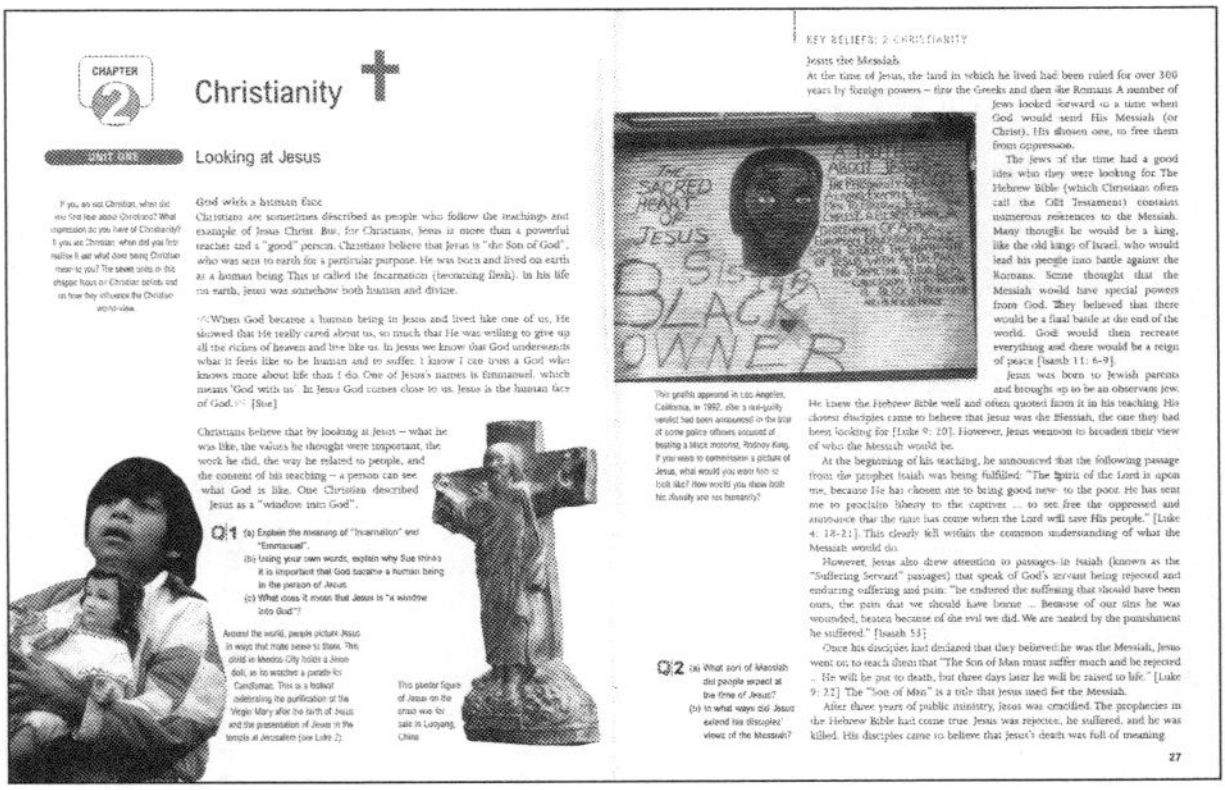
CHAPTER 2

Christianity

UNIT ONE

Looking at Jesus

If you are not Christian, when did you first hear about Christians? What impression do you have of Christianity? If you are Christian, when did you first realise it and what does being Christian mean to you? The seven units in this chapter focus on Christian beliefs and on how they influence the Christian world-view.

God with a human face

Christians are sometimes described as people who follow the teachings and example of Jesus Christ. But, for Christians, Jesus is more than a powerful teacher and a "good" person. Christians believe that Jesus is "the Son of God", who was sent to earth for a particular purpose. He was born and lived on earth as a human being. This is called the Incarnation (becoming flesh). In his life on earth, Jesus was somehow both human and divine.

When God became a human being in Jesus and lived like one of us, He showed that He really cared about us, so much that He was willing to give up all the riches of heaven and live like us. In Jesus we know that God understands what it feels like to be human and to suffer. I know I can trust a God who knows more about life than I do. One of Jesus's names is Emmanuel, which means 'God with us'. In Jesus God comes close to us. Jesus is the human face of God. [Sue]

Christians believe that by looking at Jesus – what he was like, the values he thought were important, the work he did, the way he related to people, and the content of his teaching – a person can see what God is like. One Christian described Jesus as a "window into God".

Q1 (a) Explain the meaning of "Incarnation" and "Emmanuel".
(b) Using your own words, explain why Sue thinks it is important that God became a human being in the person of Jesus.
(c) What does it mean that Jesus is "a window into God"?

Around the world, people picture Jesus in ways that make sense to them. This child in Mexico City holds a Jesus doll, as he watches a parade for Candlemas. This is a festival celebrating the purification of the Virgin Mary after the birth of Jesus and the presentation of Jesus in the temple at Jerusalem (see Luke 2).

This plaster figure of Jesus on the cross was for sale in Luoyang, China.

KEY BELIEFS: 2 CHRISTIANITY

Jesus the Messiah

At the time of Jesus, the land in which he lived had been ruled for over 300 years by foreign powers – first the Greeks and then the Romans. A number of Jews looked forward to a time when God would send His Messiah (or Christ), His chosen one, to free them from oppression.

The Jews of the time had a good idea who they were looking for. The Hebrew Bible (which Christians often call the Old Testament) contains numerous references to the Messiah. Many thought he would be a king, like the old kings of Israel, who would lead his people into battle against the Romans. Some thought that the Messiah would have special powers from God. They believed that there would be a final battle at the end of the world. God would then recreate everything and there would be a reign of peace [Isaiah 11: 6-9].

Jesus was born to Jewish parents and brought up to be an observant Jew. He knew the Hebrew Bible well and often quoted from it in his teaching. His closest disciples came to believe that Jesus was the Messiah, the one they had been looking for [Luke 9: 20]. However, Jesus went on to broaden their view of what the Messiah would be.

At the beginning of his teaching, he announced that the following passage from the prophet Isaiah was being fulfilled: "The Spirit of the Lord is upon me, because He has chosen me to bring good news to the poor. He has sent me to proclaim liberty to the captives … to set free the oppressed and announce that the time has come when the Lord will save His people." [Luke 4: 18-21]. This clearly fell within the common understanding of what the Messiah would do.

However, Jesus also drew attention to passages in Isaiah (known as the "Suffering Servant" passages) that speak of God's servant being rejected and enduring suffering and pain: "he endured the suffering that should have been ours, the pain that we should have borne … Because of our sins he was wounded, beaten because of the evil we did. We are healed by the punishment he suffered." [Isaiah 53]

Once his disciples had declared that they believed he was the Messiah, Jesus went on to teach them that "The Son of Man must suffer much and be rejected … He will be put to death, but three days later he will be raised to life." [Luke 9: 22] The "Son of Man" is a title that Jesus used for the Messiah.

After three years of public ministry, Jesus was crucified. The prophecies in the Hebrew Bible had come true. Jesus was rejected, he suffered, and he was killed. His disciples came to believe that Jesus's death was full of meaning

This graffiti appeared in Los Angeles, California, in 1992, after a not-guilty verdict had been announced in the trial of some police officers accused of beating a black motorist, Rodney King. If you were to commission a picture of Jesus, what would you want him to look like? How would you show both his divinity and his humanity?

Q2 (a) What sort of Messiah did people expect at the time of Jesus?
(b) In what ways did Jesus extend his disciples' views of the Messiah?

27

現代のさまざまなイエス像。右上：アメリカ・ロサンゼルス、中央下：中国洛陽、左下：メキシコ・シティ。（*Thinking Through Religion*, p.26–27）

多様な国民の共生を目指すために、イギリスの宗教科の教科書は、宗教を学ぶのに、その現在の姿から入るというスタイルが多いです。日本の授業では、その宗教が創始されたはるか昔のことが中心になりがちなのと対照的です。たとえば上図は、中学生用（一一〜一四歳）教科書『宗教を通して考える』（*Thinking Through Religion*）の、「キリスト教」の章の最初のページです。内容はイエス・キリストのことなのですが、写真はみな現在の、世界各地のイエス像です。メキシコの少年が抱える、黒髪・黒い目の幼きイエス。中国の洛陽のお店にあったという、金色の十字架上のイエス。そしてアメリカのカリフォルニアで、シャッターの上にグラフィティ的に描かれたイエスは、黒人の姿をしています。イギリス人が歴史的文化財を大切にしないということではなく、今の、生きた信仰としてキリスト教をとらえようとしているのです。

隣のイスラム教徒、キリスト教徒、ヒンドゥー教徒

異文化理解型の宗教教科書で高い評価を得ているものに、ウォリック大学の研究所が制作した小中学生向けのシリーズがあります。その特徴は、資料を大学に近いいくつかの都市で行った、多様な宗教の子どもたちに対する観察やQ&Aからとっているため、非常にリアルだというところです。

全イギリス人口中、イスラム教徒三%、ヒンドゥー教徒一%という先のデータをみると、キリスト教以外の宗教の信者はかなり少ないと感じます。しかし、これは全国平均の数値だからです。こういった宗教をもつ移民は都市部に集中しており、人口の二〇%がイスラム教徒という地域もあるのです。よって、近所にイスラム教徒が住んでいるとか、学校で隣の席はヒンドゥー教徒だといったことは、都市部ではふつうに起こることです。

そしてこの教科書からは、教室で顔をあわせるだけではわからない、〇〇ちゃんたちや〇〇君たちのイスラム教徒としての、あるいはヒンドゥー教徒としての日々の生活ぶりが、手

にとるようにわかります。キリスト教徒も同様です。実は、統計上は七割がキリスト教徒といっても、それは多くの場合「昔から、家の宗教がそうだ」ということにすぎず、現在イギリスで毎週日曜に教会に行く人は、一〇人に一人程度です。ということは、熱心なキリスト教徒の家庭の子どもたちは、どうキリスト教に関わりながら暮らしているのかも、多くの生徒は知らないのです。

学年・宗教ごとに冊子が分かれているのですが、ここでは中学生用のイスラムの巻を見ましょう。登場するのは、カムラン、シャジア、ヌスラット、ナシームで、皆、イングランド中部の都市、バーミンガムに住んでいる中学生です。親はパキスタン出身のイスラム教徒で、四人はイギリスで生まれた二世です。豊富な写真で顔もわかるため、イスラム教徒は、「えたいのしれないよそ者」ではなく、友だちになれそうだ、とまず親しみをもつことができます。そして、

ふだんスカーフを被る女子も被らない女子もいることがわかります。
(*Muslims,* P.2)

この子どもたちは、あらゆるイスラム教徒に共通する特徴も、パキスタンのイスラム教徒特有の特徴も両方もっているのだということを最初に意識することは、漠然とした「イスラム教徒一般」ではない、「現実のイスラム」理解のはじまりになります。

このうち、「ヌスラットと預言者ムハンマドについて」という章は、ヌスラットの自己紹介から始まっています。

ヌスラットについて

「私はバーミンガムで生まれました。両親は私が生まれる前からここに住んでいました。おじいさんもここに住んでいました。私はいとこの家に行って泊まるのが好きです――おしゃべりをしたり、遊んだりするだけですが。学校の勉強のことを話し合うこともあります。読書もします。ウルドゥー語の本と英語の本、冒険物語や推理小説です。クルアーンを勉強するのも好きです。自分ひとりで読むことも、兄さんたちが読むのを聴くこともあります」

ヌスラットは一三歳です。彼女は両親と三人の兄弟と一緒にテラスハウスに住んでいます。家の壁にはクルアーンからの引用やムハンマドの言葉が書かれたポスターが貼ってあります。お父さんがモスクでもらってくるのです。

ヌスラットはアリ・ハディース運動に参加しています。この運動は全英イスラミック・ミッションの一環で、ミッションは彼女が通うアンダートン通りのモスクも運営しています。(p.10)

教科書の説明「(ヌスラットの) 家にはクルアーンの言葉も額に入れて飾られています。」(p.10)

このように紹介がなされた後、イスラムの開祖(預言者)ムハンマドを、彼女やまわりの信者はどうとらえているか、それは彼女の生活にどう影響を与えているかを説明する文章が次のように続きます。

全てのムスリムと同じように、ヌスラットはクルアーンの教えのほか、預言者ムハンマドの言葉にも従っています。ムハンマドの言葉は、ハディースという本に集められています。

ヌスラットのお兄さんは言います。

「預言者の言葉の中には、僕たちがそらんじているものも多いんです」

ヌスラットはこうした教えをまじめに受けとめています。まじめに受けとめるというのは、「ときどき、行動を起こす前に（預言者ならどうするかについて）考える」

ということだと彼女は言います。


「聖なる預言者ムハンマド（彼に平安あれ※）の充実した人生は、私たち自身の人生にとって道標となるような、およそ可能な全ての善行の実例を私たちに示してくれます。預言者ムハンマド（彼に平安あれ）の神聖な人生は、クルアーンの教えを体現しています。彼は、全ての人がそのあとに続く最も秀でた人物の模範です。預言者は神でも、神の子でもなく、他の全ての人々と同じ人間で、神の最後の預言者として、全ての人類に対し救いの道を示したのです。」

（『ドーン』誌、一九九二年一一月号）

（※ムスリムが預言者ムハンマドや他の預言者の名前を言ったり書いたりするときには、「彼に平安あれ」と付け加えることがよくあります。）


クルアーンには次のように書かれています。

「本当にアッラーの使徒は、アッラーと終末の日を熱望する者、アッラーを多く唱念する者にとって、立派な模範であった」(三三章二一節)

ムハンマドが行ったり言ったりしたことの多くは、記憶され、注意深く記録されています。これらの話や言葉は、ムスリムがクルアーンを理解し、その教えを実践に移すのに役立っています。(p.10–11)

教科書の説明「モスクでハディースを勉強するムスリム」(p.11)

そして、この教科書にもアクティビティが各章に付いています。もっとも重要なのは、「自分に結びつけてみよう」「よく考えてみよう」という二種の課題です。この章に対する「自分に結びつけてみよう」は次のとおりです。

誰かの言動を見て、あなたが「あんなふうになれたらいいな」とか、「あんなことができたらいいな」と思った状況を二つ思い出してください。そうした経験は、あなたの考えや行いにどのような影響を与えるか書いてください。

答えを書いたら、パートナーにあなたの経験を教えてあげましょう。そしてあなたの書いた例と、ヌスラットの例（預言者ムハンマドの模範や教えについて考えることが彼女には役立つこと）を比較しましょう。（p.11）

ヌスラットにとって行動の模範になるのがムハンマドなら、自分にとってそれは誰なのかということを生徒各自に考えさせています。それは、キリスト教の家庭の子どもならイエス、仏教の場合ならブッダになるとは限りません。自分は無宗教だからと、サッカー選手を挙げる子どももいるでしょう（その方が今のイギリスでは現実的なのです）。それでよいのです。ここで重要なのは、同じ年頃のイスラム教徒の価値観を理解することを通して、自分の生き方を導いているのは何なのかと、自己理解も深めることです。「よく考えてみよう」の課題も同じ観点からのものです。

今日の若者にとって役割モデルとなっているのは誰でしょうか？　誰の例が彼らにとって重要でしょうか？　あなたにとって重要なのは誰の例ですか？　若者にとって倣《なら》うべきよい役割モデルがあることがどんなに大切かを説明する新聞もしくは雑誌の記事を書いてみてください。

あなたの言いたいことを説明するのに、ムスリムにとっての預言者ムハンマドの模範の重要性に触れてもいいですし、あなた自身の経験を引き合いにしてもかまいません。(p.11)

このように、この教科書は、信者が実際に考えていることを「内側から」理解させてくれますが、それは決して、読む人を、仮にでもイスラム教徒にならせてみるようなやり方ではありません。また、「ヌスラットはよいイスラム教徒なのだから、あなたも見習って、教会に行きなさい。あなたの家の宗教はもともとキリスト教でしょう」とうながすものでもありません。信じるか信じないかは生徒本人の自由。この宗教科教科書が試みているのは、信じる人と自分との間の往復運動により、自分とは違うよりどころを持つ人と、自分の間に共通性と違いの両方を見つけ出し、そこから自分の生き方についてじっくり考える機会を与えることなのです。

他に、この教科書からは、イスラムの戒律が実際にはどう適用されているのかがよくわかります。礼拝であれば、一日五回の礼拝という義務はあくまで原則であり、公立校に通うカムランは昼間の二回の祈りはできないが、それは許されているということ。パキスタン、あるいはイスラムが生まれたアラビア半島に比べ、イギリスは緯度が高いので、日の出前の祈りは大変だということ。礼拝のやり方は、両親ではなくモスクで先生に教わるのだということ。友だちはモスクで知り合ったイスラム教徒が多いが、他宗教の友だちもおり、男の子たちはクリケットをして遊ぶこと。ヌスラットがイスラムの友だちとするおしゃべりは、宗教の話ではなく、テレビ番組のことなどであること。ヌスラットは将来、男の子と同じように大学教育を受けて、卒業後は会社で働きたいと思っていること。結婚はあまりしたくないが、イスラムの決まりなのでせざるをえないだろうと承知していること。ウォリック大学に確認したところ、どれも「やらせ」ではなく本音トークだそうですが、親やモスクから苦情がきたといった問題はなかったとのことでした。

キリスト教の巻は、コヴェントリー市に住む、英国国教会、フレンド派（クエーカー）、ギリシャ正教、コヴェントリー・クリスチャン・フェローシップ（約四〇年前に地元でできた「家族教会」スタイルの新しい一派）の四つの教派の子どもたちがとりあげられ、キリスト教の多様な現実の姿が描かれています。ヒンドゥー教の巻に登場するのは、レスター市に住む、インド西部のグジャラート地方出身の家族の二世である、四人の子どもたちです。

小学校低学年用（五〜七歳）には、キリスト教二種（①②）、ユダヤ教（③）、イスラム（④）、仏教（⑤）の五冊が制作されています（調査に応じてくれる家族を探すのは簡単ではなく、全宗教をカバーすることはできなかったそうです）。ウォリック大学は、これらの教科書を作成したあと、Eメールを使って、異なる地方に住む生徒たちを直接対話させてみるといった新たな授業法を開発し続けています。

①

②

③

④

⑤

ウォリック大学制作の小学校低学年用教科書。次ページはそれぞれの内容。*Bridges to Religions* (Heinemann Educational Publishers)

②
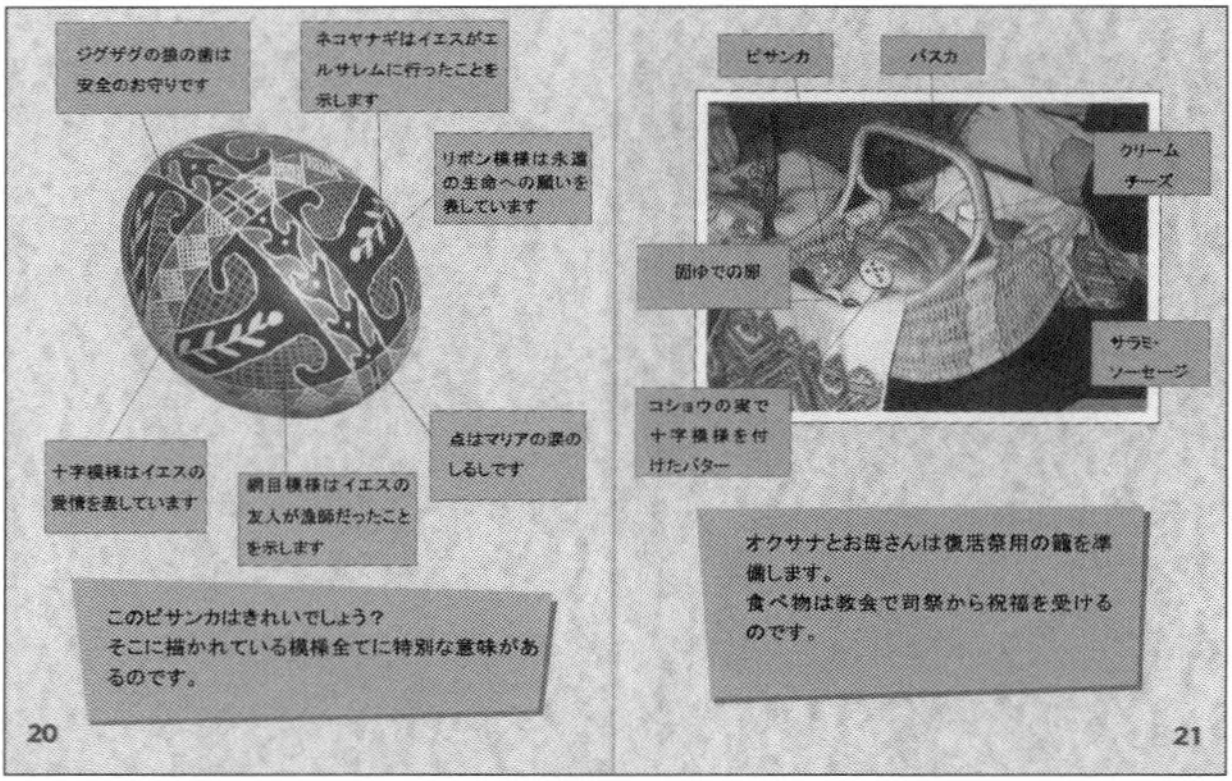
ジグザグの狼の歯は
安全のお守りです
ネコヤナギはイエスがエルサレムに行ったことを示します
リボン模様は永遠の生命への願いを表しています
十字模様はイエスの愛情を表しています
網目模様はイエスの友人が漁師だったことを示します
点はマリアの涙のしるしです
このピサンカはきれいでしょう？
そこに描かれている模様全てに特別な意味があるのです。
20
ピサンカ
パスカ
クリーム
チーズ
固ゆでの卵
サラミ・
ソーセージ
コショウの実で十字模様を付けたバター
オクサナとお母さんは復活祭用の籠を準備します。
食べ物は教会で司祭から祝福を受けるのです。
21

③
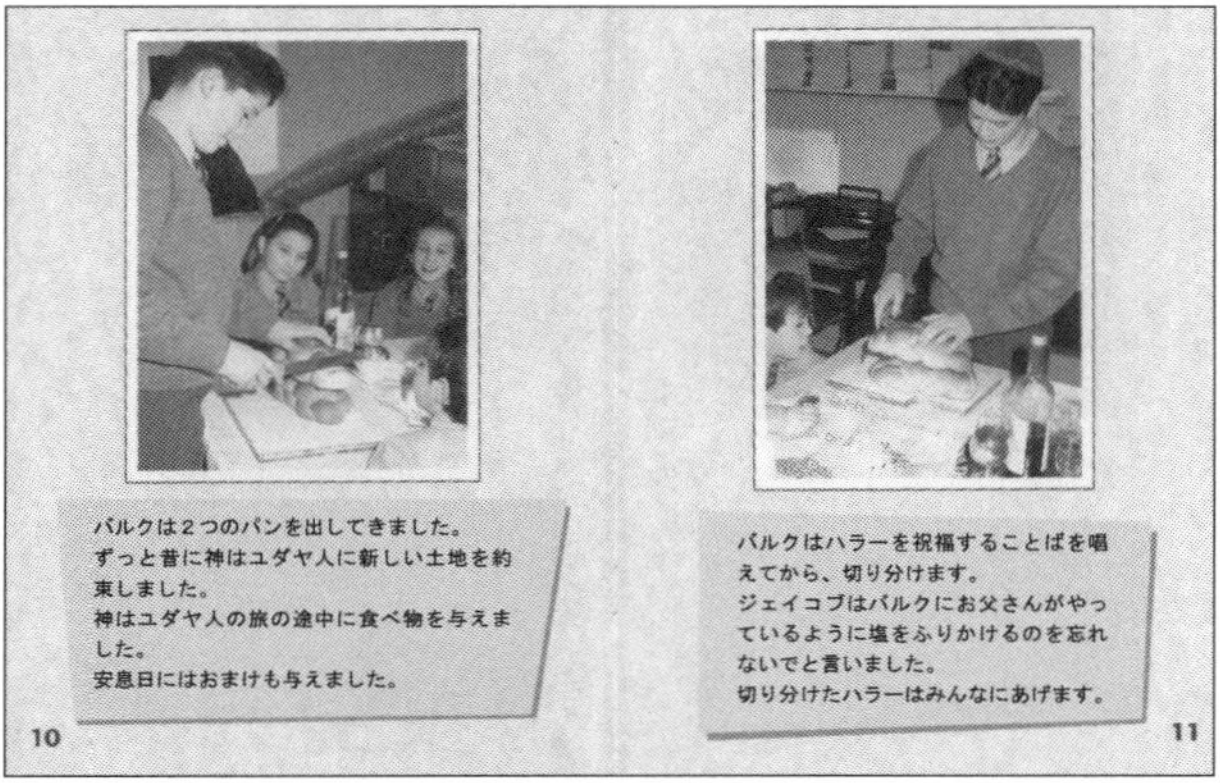
バルクは２つのパンを出してきました。

ずっと昔に神はユダヤ人に新しい土地を約束しました。

神はユダヤ人の旅の途中に食べ物を与えました。

安息日にはおまけも与えました。

10
バルクはハラーを祝福することばを唱えてから、切り分けます。

ジェイコブはバルクにお父さんがやっているように塩をふりかけるのを忘れないでと言いました。

切り分けたハラーはみんなにあげます。

11

幼い子どもに他の人の宗教に関心をもってもらう工夫として、みんなと一緒の楽しげな食事風景が盛り込まれています。②はウクライナ系カトリックのイースター（文中の「ピサンカ」はイースター・エッグのこと）、③はユダヤ教の安息日での「食べ物」シーン。④はイスラム教徒の誕生パーティ、⑤は上座部仏教のブッダ誕生祭。（『世界の宗教教科書』〈穂積武寛訳〉所収）

④

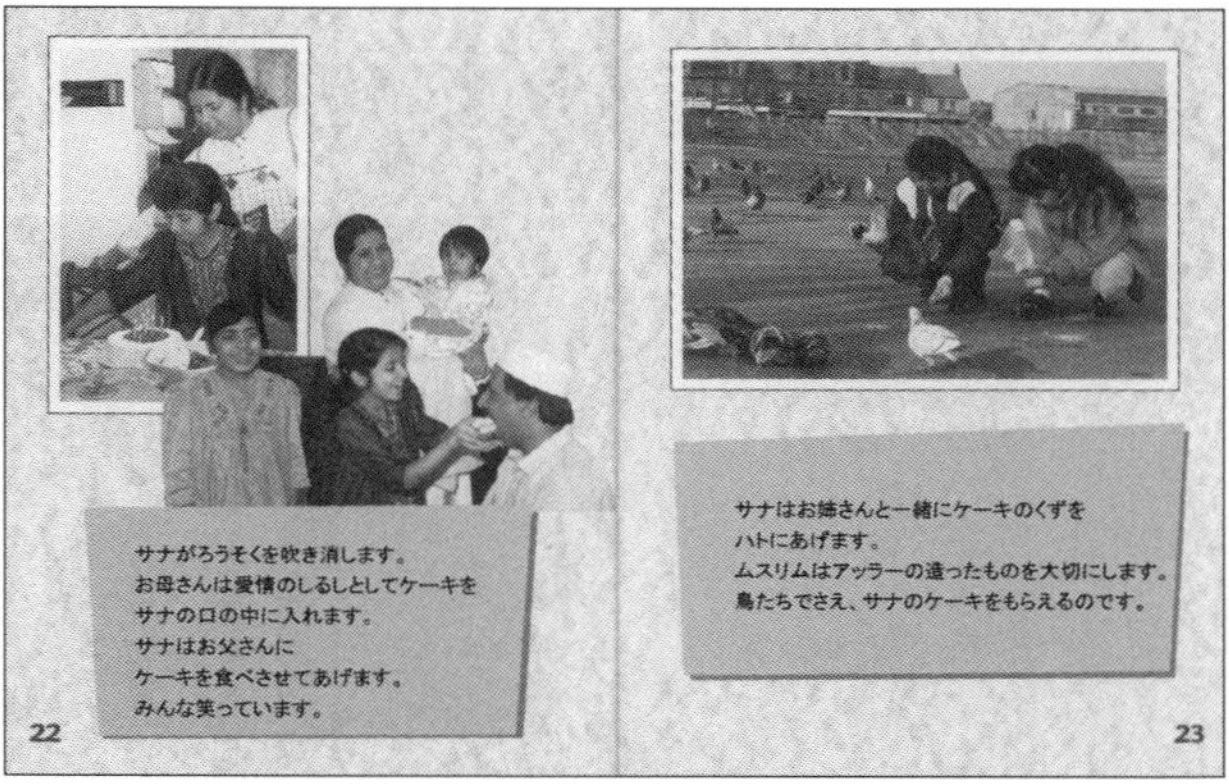

サナがろうそくを吹き消します。
お母さんは愛情のしるしとしてケーキを
サナの口の中に入れます。
サナはお父さんに
ケーキを食べさせてあげます。
みんな笑っています。

22

サナはお姉さんと一緒にケーキのくずを
ハトにあげます。
ムスリムはアッラーの造ったものを大切にします。
鳥たちでさえ、サナのケーキをもらえるのです。

23

⑤

すばらしいご馳走です。
みんなが料理を持ってきたのです。
ほとんどが菜食料理です。
生き物を傷つけるのは間違っていると
ブッダは言いました。

9

みんなが食べ物の入った器を持ちます。
僧侶が空の鉢を持ってやってきます。
アウンは鉢の中に食べ物を入れてあげます。

10

第3章　フランス——スカーフ禁止の国の宗教の教え方は？

フランスの教育と宗教に対する考え方には、イギリスと対照的なところがあります。イギリスは、キリスト教以外の宗教も等しく公教育に取り入れることで、宗教について平等であろうとするのに対して、フランスはあらゆる宗教を排除することで、平等を達成しようとしてきたからです。

そのことを象徴するのが、二〇〇四年に制定された、「公立校内での目立つ宗教的シンボルの着用を禁止する法」、俗にいうスカーフ禁止法です。そう呼ばれるのは、ことの発端がスカーフ（ヴェール）を着用するイスラム教徒の女子生徒に対し、学校が登校を禁じ、生徒側が抗議した事件にあるからです。この法律により公立校ではイスラムのスカーフだけでなく、キリスト教の十字架のペンダント（服の外に出す場合）、ユダヤ教のキッパ（男性用帽子）など、あらゆる宗教のアイテムを見えるように身につけることが禁じられました。なぜ

Histoire géographie（Hatier）

いけないのかというと、公立校のような公の場に宗教をもちこむことは、政教分離の原則に反するからというのが公式の理由です。その宗教の宣伝・布教につながるというのです。同じ政教分離国といっても、アメリカや日本はそれほどでもなく、イスラムの生徒のスカーフは事実上許されています。フランスの政教分離はとくに厳格で、「ライシテ」と呼ばれています。

また、そこまで厳格なのは、他にも理由があるからだといわれています。まず、イスラムのスカーフは、西洋では単なる民族衣装ではなく、女性差別によるもの、すなわち女性からおしゃれの自由をうばい、抑圧するものととらえる人が多いということがあります。男女平等をよしとするフランスでは、それは許しがたいのです。そしてまた、スカーフ禁止はイスラム過激派対策の意味もあるといいます。イスラムのなかでもスカーフを被《かぶ》る人たちと、被らない人たちがいますが、顔や体を覆う分量が多いほど厳格な信者で、厳格な信者ほど過激派も多いと考えられているためです。

しかし、スカーフだけを禁止しては、「イスラム差別だ」という反発は必至です。そこで、特定の宗教だけを狙《ねら》い撃ちにしているのではないことを示すために、十字架もキッパも同時に禁止になったのです。これを聞いて筆者は即座に、「仏教の僧侶《そうりょ》の坊主頭は？」と思いました。スカーフと同じく、特定の宗教の信者であることをおおっぴらに表明するものですし、多くの男性は坊主頭を嫌がりますから、男性に対して抑圧的ともいえます（もちろん、僧侶本人たちはそういうものだと受け入れ、抑圧は感じていないでしょうが、それはスカーフをかぶるイスラム女性にしても多くの場合は同じです）。たとえば青年僧が、フランスの公立の大学に留学したら、かつらや帽子をかぶって坊主頭を隠さなければならないのでしょうか。坊主頭も禁止したら、この法律はたしかに平等といえますが、もしOKだったら？　と思い、フランスの文部省に問い合わせてみました。が、今のところ返事はありません……。

このような法律をもつフランスですが、国内のイスラム教徒の割合はイギリスより多いようです。二〇〇七年の調査では、カトリック五一％、イスラム四％、プロテスタント三％、ユダヤ教一％でした（無宗教三一％）。統計によってはイスラム教徒は六％、九％というデータもあります。フランスのイスラム教徒は、フランスの旧植民地であるアルジェリアやモロッコといった北アフリカ出身者が主です。また、自分はカトリックだという人も、多くは「家の宗教だから」という理由にすぎず、教会に行かないのはイギリスと同様です。

ユダヤ教―キリスト教関係の語りかた

宗教をとりのぞこうという姿勢の強いフランスですが、歴史教科書を見てみると、日本よりも宗教に関する記述は詳細です。これは、ライシテを守って教育から宗教を排除しすぎた結果、宗教に関してごく基礎的な知識もない人が増えたという問題が新たに起きたためと聞きます。詳細であることのもう一つの原因は、フランスの中等教育では一年間で古代から現代まで学ぶのではなく、一年目は古代、二年目は中世、と進むことです。

さらに、フランス史と世界史が合体していることも特徴です。日本の世界史の教科書と比べると、ユダヤ・キリスト教に割かれる分量より、仏教の分量はずっと少ないのですが、これはフランス史に直接関わる部分が手厚くなっているためなのです。

以上のことを考慮した上でも、古代ユダヤ教部分の詳しさは日本の教科書とは比べものになりません。コレージュ第六学年用（一一〜一二歳）の教科書は、ユダヤ教の説明だけで一五ページです（もっともよく使われているアティエ社の『歴史・地理 *Histoire géographie*』の場合）。日本の高校世界史教科書ではせいぜい一ページ、倫理教科書でも二ページ程度です。

分量だけでなく、日本と比べ、ユダヤ教のことを悪く書かないという傾向があるのにも気づきます。日本の教科書は、キリスト教が出現した意義を訴えるのに懸命で、話をわかりやすくするために、「ユダヤ教がダメな宗教だったから、イエスが出てきた」という論理をとりがちです。たとえば日本の教科書には、ユダヤ教のキーワードとして「選民思想」(自分たちは神に選ばれた特別な民だという思想)という語が出てきます。しかし、これは、「ユダヤ人はいばっている」というイメージを子どもたちに植えつけてしまいます。それは偏見だ、キリスト教徒だって自分たちのことを特別だと思ってきたのだから、というのが今ではフランスに限らず、欧米の教育界で広く共有されつつある理解なのです。ユダヤ教徒とキリスト教徒の共生のために、キリスト教をもちあげユダヤ教をおとしめるような、キリスト教側からの一方的な見かたは教科書では採用しないということです。フランス人が日本の教科書をみたら、「キリスト教徒がとても少ない国なのに、なぜキリスト教に肩入れしているのかな」と不思議に思うかもしれません。

かといって、ユダヤ教徒の言うことを受け売りにするわけでもありません。ユダヤ教の部分は、聖書からの引用が多いのですが、冒頭に次のような説明があります。

最初期のヘブライ人の歴史についてはわずかな痕跡《こんせき》しかない。ヘブライ人と彼らの移動の歴

史についての明確な情報は聖書から得られる。だが聖書は歴史的事実と伝説や信仰が混ざった宗教書であり、考古学的資料によって確認できる部分もあるとしても、信頼のおける歴史資料とみなすことはできない。そのため、そこで語られている内容は慎重に扱わなければならない。

(*Histoire géographie 6e*, p.48)

この説明は、フランスの歴史教育のスタイルにもかなっています。日本の歴史教育は、「正しい知識の暗記」が中心になりがちですが、フランスでは、生徒が自分で資料を読みとき、どういう解釈が可能かを考えることを重視します。このため教科書も、日本のものは「覚えるための〈正解〉が書いてある」という形ですが、フランスのものは説明文より歴史資料(聖書からの引用はその一例)が多いのです。

もう一つの大きな特徴は、ユダヤ教徒の現在の姿も見せているということです。これは、この教科書が半分「地理」の役目を果たしていることも一因ですが、結果として、古代史を扱いながらも、ユダヤ教は古代から現在まで続いていることがはっきりしています。これに対して、日本の教科書のユダヤ教の扱いは、イエスの出現によって〈お役御免〉になり、歴史から姿を消す、という形になっています。

たとえば、左ページはユダヤ教の章についている練習問題です。本文の内容は、ヘブライ語聖書（キリスト教徒のいう旧約聖書）に書かれた古代ユダヤ教の歴史ですが、それをもとにして、現在、パリの街中でも見られるユダヤ教のシンボルの由来を説明せよ、という問題です。写真①はパリの、ユダヤ教の食規範（カシュルート）を満たした肉屋のウィンドーに描かれたダビデの星とのことですが、それに対する質問は、「この星はユダヤのどの王の盾を飾っていましたか？」というものです。写真②は、イスラエルの嘆きの壁の前に立つユダヤ人が被っているキッパ（男性信者の帽子）で、質問は「キッパは何曜日によく使われますか？　どこで被らなければなりませんか？」という現在のユダヤ教の習慣に関するものと、「キッパを被る習慣はどの捕囚中に生まれましたか？」という歴史的なものがついています。写真③はパリのロケット通りにあるシナゴーグ（ユダヤ教の教会）に飾られた、律法の石版の複製で、質問は「ここに書かれた言葉は何と呼ばれていますか？」「律法の石版は初めどこに収められていましたか？　この言葉は誰《だれ》によってもたらされましたか？」です。

六七ページは、現代のユダヤ教徒の姿と、彼らが祝う祭日が、古代ユダヤ教徒が経験した歴史的事件のうち、どれに由来するかを説明した表です。写真は、少年が生まれて初めて、大人たちの前でヘブライ語でトーラーを読誦《どくしょう》しているところです。額の小さな四角状のもの

6 Connaître l'origine des symboles juifs (pages 52-53)

①

Document 1 **L'étoile de David sur la vitrine d'une boucherie cachère (kashère) à Paris.**

③

Document 3 **La reproduction des tables de la Loi**
(synagogue de la rue de la Roquette à Paris).

②

Document 2 **La kippa portée par un juif d'Israël devant le Mur des Lamentations.**

④

Document 4 **Une ménorah**

■ Reproduisez le tableau en répondant aux questions (sans les recopier).

	Le symbole juif	L'origine du symbole
Doc. 1	Quel magasin orne cette étoile ?	De quel roi juif cette étoile ornait-elle le bouclier ?
Doc. 2	• Quel jour est surtout portée la kippa ? • Où est-elle obligatoire ?	Durant quel exil est né le port de la kippa ?
Doc. 3	• À l'entrée de quel lieu se trouve cette reproduction des tables de la Loi ? • Quel nom donne-t-on aux paroles qui y sont inscrites ?	• À l'origine où étaient conservées les tables de la Loi ? • Qui en avait rapporté les paroles qui y étaient inscrites ?
Doc. 4	Quel est le bâtiment orné par cette ménorah ?	Quel était le lieu orné par les premières ménorahs ?

LES HÉBREUX : LE PEUPLE DE LA BIBLE 59

写真④はシナゴーグの中のメノラ（9 枝の燭台《しょくだい》）で、質問は「メノラが飾られている建物はどこですか？」「初めてメノラが飾られた場所はどこですか？」（*Histoire géographie 6e* p.59）

は聖句箱。「ユダヤ人にとって最も重要な祈りを収めた容器」と説明されています。祭日に関しては、

ロシュ・ハシャナ（新年祭・九月） 神による世界の創造を記念する
ヨム・キップール（贖罪日《しょくざいび》・九〜一〇月） 贖罪のための断食と祈りの日
スコット（仮庵祭《かりいおさい》・一〇月） 荒野の放浪を偲《しの》ぶ
ペサハ（過越祭《すぎこしさい》・三〜四月） エジプトからの脱出を記念する
シャブオット（五旬祭・ペサハの五〇日後） モーセが十戒を授かったことを祝う
ハヌカ（光の祭り・一二月） ギリシャに対する勝利を記念する

と表の形で説明があり、これに関する質問は、「モーセの時代を記念する祭日はどれですか？」「祭日が多いのはどの季節ですか？」です（なお、祭日が何月何日と決まっておらず、幅があるのは、昔からのユダヤ暦にしたがっているためです）。ハヌカは、クリスマスとほぼ同時期になるため、最近は、アメリカなどではクリスマスと一緒にお祝いされることもあります。ところが、この祭日は、もとは紀元前二世紀に異教徒（すなわち、数世紀後にキリスト教徒に改宗していく人たちの祖先）から自分たちの神殿をとりもどしたことを記念するものだったことが、この説明からわかります。

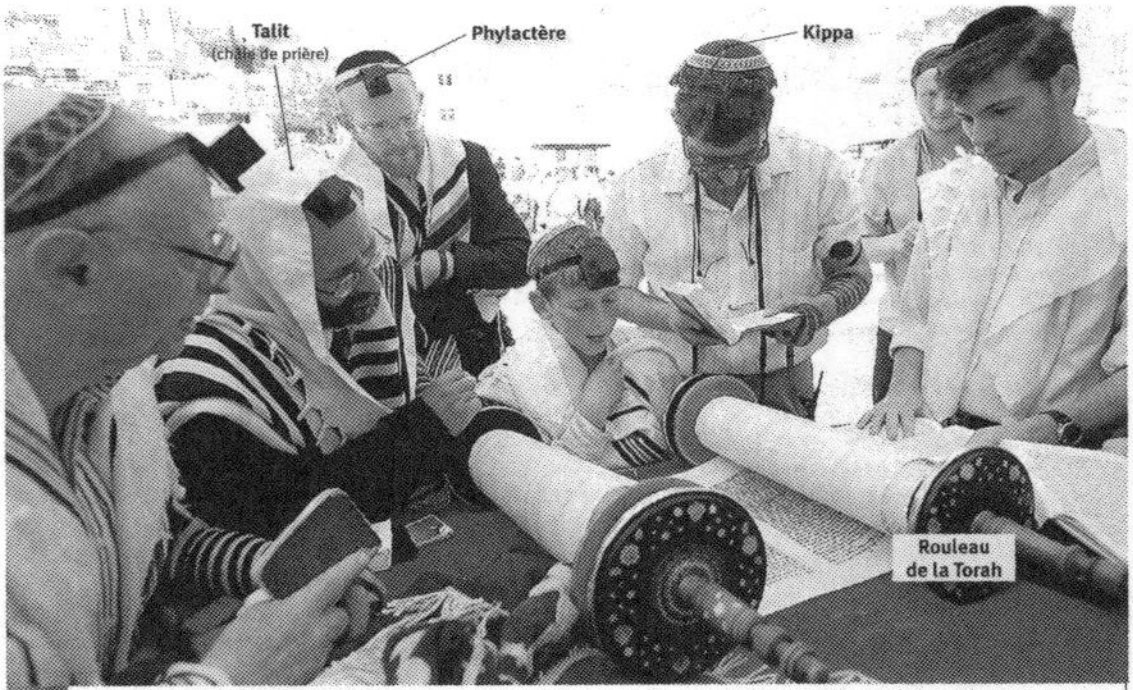

2 La lecture de la Torah en hébreu

Le jeune garçon lit pour la première fois la Torah, déroulée devant lui. Les participants ont la tête couverte d'une kippa, usage né lors de l'exil à Babylone. Les phylactères sont des étuis qui contiennent la prière fondamentale des juifs.

3 Les grandes fêtes juives

Fête	Date	Signification
Roch Hachana Nouvel an	Septembre	Rappelle la création du monde par Dieu.
Yom Kippour Grand Pardon	Septembre - octobre	Journée de jeûne et de prière pour le pardon des péchés.
Soukkhot Fête des tentes	Octobre	Rappelle l'errance dans le Sinaï.
Pessah Pâques	Mars - avril	Rappelle la sortie d'Égypte.
Shabouot Pentecôte	50 jours après Pessah	Rappelle le don des dix commandements à Moïse.
Hanoukkah Fête des lumières	Décembre	Rappelle une victoire des Hébreux contre les Grecs.

❶ Quelles sont les fêtes qui rappellent l'époque de Moïse?
❷ À quelle période de l'année les fêtes sont-elles nombreuses?

4 Quelques règles du judaïsme

• **La circoncision** : « La circoncision sera le signe de l'alliance entre moi et vous. Quand ils auront huit jours, tous vos mâles seront circoncis. »

La Genèse, 27, 12.

• **Le Shabbat** : « Pendant six jours, on travaillera, mais le septième sera jour de repos complet, jour d'assemblée sainte, où vous ne ferez aucun travail, où que vous habitiez, c'est un Shabbat pour dieu. »

Le Lévitique, 323.

• **Les règles alimentaires** : « Vous pourrez manger tout animal terrestre qui a le sabot fendu en deux et qui rumine. Vous ne pourrez pas manger le porc car, s'il a le sabot fendu, il ne rumine pas (...). Parmi tout ce qui vit dans l'eau, vous ne pourrez pas manger tout ce qui n'a pas de nageoires et d'écailles (...). Vous ne mangerez pas de sang d'animal[1]. »

Le Lévitique, 7 et 11

1. Les animaux doivent être abattus selon des règles précises et saignés complètement (viande kasher).

❸ Pour les hommes, quel est le signe de l'appartenance au judaïsme?
❹ Quelles sont les obligations le jour du Shabbat?
❺ À quelles conditions les juifs peuvent-ils manger de la viande? Citez deux animaux aquatiques qu'ils ne peuvent pas manger.

LES HÉBREUX : LE PEUPLE DE LA BIBLE 53

ヘブライ語でトーラー（聖書）を読誦する少年。ユダヤ教の主な祭日と戒律。(p.53)

キリスト教の説明も、日本の教科書とは少々違います。先ほどの第六学年用の教科書では、イエスの思想はこう説明されています。

イエスは、人は神だけでなく隣人をも愛さなければならず、地上の富を捨て貧しさのうちに生きなければならないと説いた。この啓示に従う者は、死後、神の王国で永遠に生きるという。

イエスはヘブライ聖書もユダヤ教も否定しなかったが、ユダヤ教の祭司と対立し、イエスを煽動者《せんどうしゃ》とみなすローマ人に不安を与えた。祭司たちはエルサレムでイエスを逮捕させてローマ総督ピラトに引き渡し、イエスはそこで十字架刑の判決を受けた。(p.158)

該当箇所は、日本の高校世界史教科書(山川出版社『詳説 世界史』二〇〇七年)では次のように書かれています。

この地[パレスチナ]にうまれたイエスは祭司やパリサイ派[ユダヤ教の一派]の形式主義を批判し、貧富の区別なくおよぼされる神の絶対愛と隣人愛を説き、神の国の到来と最後の審判を約束した。民衆はイエスを救世主と信じて彼の教えに従うようになった。祭司やパリサイ派はイエスをローマに対する反逆者として総督ピラトに訴え、彼は十字架にかけられ処刑された。（p.53）

フランスの教科書の方は、イエスは地上の富、つまり財産を捨てろと言ったとありますが、日本の方にはその記述はありません。これは現在の日本では一般に、財産を放棄することを迫る教団は、怪しい〝カルト〟だと思われているからかもしれません。日本の教科書は、現代日本人の共感をえやすいようにイエスに関する情報を選んで提供しているということです。イエスの十字架上の死に責任があるのは誰かという問題についても、フランスの方は、ローマ人がイエスを警戒していたことを書いていますが、日本の方は「悪者はユダヤ人」という書き方です。

さらにいえば、日本の方は、ユダヤ教はダメだったというために、「形式主義（律法主義）」という言葉を使っています。これはフランスの教科書にはありません。「主義」というのは、人を揶揄《やゆ》するときによく使う表現なのです。フランスでは、より詳しい高校の教科書でも、「このようにイエスはユダヤ教の律法を破棄したわけではなかったが、それを自由に解釈し、規範を目に見える形で遵守《じゅんしゅ》することは二の次とした」という書き方で、単純にユダヤ教は×、イエスは○という書き方ではありません。

おまけに、日本の教科書は先の引用の前に、ユダヤの祭司やパリサイ派は「重税に苦しむ民衆の声にこたえようとしなかった」と述べています。そこにヒーロー、イエスが登場、という流れを作っているのです。こういった記述もフランスの教科書にはありません。高校の教科書に、「イエスは何よりも貧しい人々に、そして罪人にも、慈悲と救いを約束した」とある程度です。フランスでは一七八九年に、貴族と教会権力に苦しめられる民衆が蜂起《ほうき》し、平等な社会を求めて革命を起したという過去があります。それは現代のフランス社会のもとを形成した、非常に重要な事件です。それを考えれば、日本人よりフランス人の方が「当時のユダヤ教は貧しい民を虐《しいた》げていた、そこに平等を説くイエスが改革をもたらした」というストーリーを気に入りそうなものですが、逆なのです。ユダヤ教を踏み台にしてキリスト教を正当化するような記述こそ、平等の精神に反するからなのです。

キリスト教――イスラム関係の語りかた

時代を下って、キリスト教とイスラムに関わる中世十字軍の描き方はどうでしょうか。イスラムの手に渡った聖地エルサレムをとりかえせという、ローマ教皇の呼びかけから始まった、キリスト教徒とイスラム教徒の間の長期にわたる戦争です。日本の教科書（山川出版社『詳説 世界史』）の方は、十字軍の影響をこう説明しています。

あいつぐ遠征の失敗により教皇の権威はゆらぎはじめ、逆に遠征を指揮した国王の権威は高まった。また十字軍の輸送によりイタリアの諸都市は大いに繁栄し、地中海貿易による東方との交易がふたたびさかんになりだした。これにより東西間で人とものの交流が活発になると、東方の先進文明圏であるビザンツ帝国やイスラームから文物が流入し、西ヨーロッパ人の視野は拡大した。（p.144）

他方、フランスの中学歴史教科書は、十字軍の影響をこうまとめています。

十字軍はキリスト教徒とムスリムの間を一層遠ざけた。第四回十字軍で、参加者がビザンツ帝国の首都コンスタンティノープルで略奪を働いたことにより（一二〇四年）、カトリックと正教会の分裂は決定的となった。

だがイスラム文明との接触によって、キリスト教徒は知識を広げることができた。他方でイタリア商人は、十字軍のおかげで近東との交易を発展させることができた。(*Histoire géographie 5e*, p.80)

フランスの方は、十字軍がキリスト教とイスラム、さらに西ヨーロッパのカトリックと東方のキリスト教の仲を裂いたという問題を強調するのに対し、日本の方にはその観点はありません。日本の方は、十字軍の西欧にとっての影響しか視野に入れていないのです。この差も、現在、日常的にイスラム教徒や東欧の人との関係を意識する必要がある国か、そうではない国かの違いが一因になっているでしょう。

資料の選びかたも、キリスト教側のリチャード獅子王《ししおう》の手紙、イスラム側のサラディンの手紙の両方、キリスト教側の旅行記、イスラム側の旅行記両方を載せるなど、バランスに気を配っていることがわかります。同時に、信仰から書かれた資料を文字通りとらず、つきはなして見るようにとの注意書きがあるところも、ライシテの国の教科書らしさです。

カトリックと共和主義というフランスの伝統

フランスのパリには、世界遺産活動を推進しているユネスコ本部があります。歴史の教科書にも、各章に「文化遺産」特集ページがあります。日本の教科書では文章だけの中世カトリック修道院の説明も、左図のようにヴィジュアルです。一二世紀半ばに建てられた、ブルゴーニュ地方のフォントネー大修道院です。

この修道院はシトー会のものですが、建物の構造の他、修道士の日課が詳細にわかる資料（午前一時起床、午後八時就寝！）もついています。

PATRIMOINE

L'abbaye de Fontenay

L'abbaye de Fontenay a été fondée en **Bourgogne** au milieu du XIIe siècle. Les moines y suivent la règle de Cîteaux appelée aussi **règle cistercienne**. Ils mènent une vie austère à l'écart du monde extérieur et partagent leur temps entre la prière et un travail manuel intense.
L'église et les bâtiments d'habitation, dépouillés de tout ornement, s'organisent autour d'une cour, le cloître. Au-delà se trouvent les bâtiments utilitaires ou destinés aux visiteurs, puis les terres de l'abbaye et la forêt.

1 Dans le cloître de l'abbaye de Fontenay

2 Dans la salle capitulaire d'une abbaye cistercienne
(Miniature, manuscrit français du XVe siècle. Musée Condé, Chantilly.)
L'abbé Bernard de Clairvaux s'adresse aux moines de son abbaye.

ACTIVITÉ
1. Dans quelle région se situe l'abbaye de Fontenay ?
2. À quel ordre religieux appartient l'abbaye ?
3. Quel est le nom de l'espace au centre de l'abbaye ?
4. Quelles sont les deux salles de l'abbaye qui montrent le mieux que les moines vivent en communauté ?
5. Sur 24 heures, combien de temps est consacré à la prière (office religieux) ? au travail ?
6. Montrez que les moines vivent dans la pauvreté en citant deux exemples précis.
7. Quels sont les bâtiments qui accueillent des visiteurs extérieurs ? Où sont-ils situés ?

78

（*Histoire géographie 5e*, p.78）

他方、公民の教科書では、フランスの伝統として、一七八九年のフランス革命以降の「共和主義」が強調されています。革命後のフランスは国教を設けず、公教

「1章　市民・共和国・民主主義」の扉（*Éducation civique Demain*, p.9）

育を無宗教にすることで、教育の中立化を図りました。キリスト教の代わりに、「自由・平等・友愛」という共和主義の理念が、国民全員が共有すべき価値として強調されるようになったのです。リセの第三学年用（一五歳程度）の公民科教科書では、マリア像ならぬマリアンヌ像が扉を飾っています。マリアンヌはフランス共和国を擬人化した「自由の女神」で、フランスの全市役所に置かれています。

「自由・平等・友愛」というと、良いことばかりのようですが、これが宗教に代わる絶対的な信念となったために（宗教は自由ではなく、抑圧をもたらすという、革命以前の辛い経験がもとにあるために）、一見、イスラムの女子生徒たちの信教の自由を奪うような、スカーフ問題もまた起きているというのがフランスの教育現場の現状です。

第4章　ドイツ――ホロコーストへの反省の上に

Kennzeichen (Auer Verlag)

二〇〇八年の調査によれば、ドイツの宗教人口は、カトリック約三〇%、プロテスタント約三〇%、イスラム約四%、ユダヤ教と仏教はそれぞれ〇・三%程度、無宗教約三四%です。宗教改革を起したマルティン・ルターの国ですが、プロテスタントよりカトリックの方が少し多いというのが現状です。その一因は、二〇世紀に入って、プロテスタント圏で宗教離れがより進んだことです（逆にいえば、南部カトリック圏には信心深い人が多めです）。また旧東ドイツは古くはプロテスタント圏ですが、社会主義体制に変わってから多くの人が無宗教になったといういきさつがあります。ドイツのイスラム教徒はトルコ系移民が中心だというのも特徴です。

先に述べましたが、ドイツは「分離型」の宗教の授業を、公立校でも行っています。ドイツの教育は州ごとに運営されているため、州によって多少の違いはありますが、プロテスタ

ントの生徒はプロテスタントの宗教科の授業、カトリックの生徒はカトリックの宗教科の授業を受けます。どちらでもない生徒、あるいはなんらかの理由で宗教の授業を受けたくない生徒は、「倫理」という授業を代わりに受けます。そして、宗教の授業は、文部省ではなく、プロテスタント教会、カトリック教会が管轄《かんかつ》しています。国に任せず、信者が自分たちで教育を施すというのも、「信教の自由」の一つの守りかたなのです。

同じキリスト教なのに「分離型」クラスにしたのは、プロテスタントとカトリックでは教義が異なるところがあるため、一緒には教えられないという判断によるものでした。プロテスタントのクラスは生徒をプロテスタントとして、カトリックのクラスは生徒をカトリックとして成長させるためにあるのです。しかし、どちらでも今は自分の教派のことだけを学べばよいとはされていません。それは教科書にもはっきり現れています。

ホロコーストへの反省

南部バイエルン州のカトリック教科書を見てみましょう。ひと昔前のカトリックの教えでは、ユダヤ教徒はイエスを救世主と認めないばかりか、死に追いやった張本人でした（イエスは神〈の子〉ですから、ユダヤ人は神殺しだとなってしまったのです）。しかし今や、カトリック専用のこの教科書でさえ、フランスの歴史教科書と同じく、ユダヤ教のことをダメな宗教とはしていません。

たとえばアウアー社のギムナジウム（進学校）用第九学年（一四歳前後）の教科書『しるし』（*Kennzeichen*）は、六章構成ですが、うち一章はまるまるユダヤ教の説明です。しかも「ユダヤ教は独自の宗教であり、キリスト教徒はそれに敬意をはらうべきだ」という姿勢が貫かれています。「独自の宗教」というのは、ユダヤ教が発展してキリスト教になった、言いかえればユダヤ教は中途半端なキリスト教だとみるのはやめようということです。そして、ナチス政権下のユダヤ人虐殺（ホロコースト）には二ページが割かれ、それをユダヤ人に対する「私たちの」「罪」ととらえています。「アウシュヴィッツ収容所で起こったことを私たちは忘れてはならない」と教科書は語りかけます。

それはユダヤ人に対する扇動や「望まれざる者ユダヤ人」といったスローガンに始まり、集団暴力や殺人にいきついた。それはまるで雪崩《なだれ》のようである——最初は単なる雪玉がそこにあるのみ。だが、その雪玉は徐々に雪崩となってゆき全てを飲み込む。今日にもそのような「雪玉」はあるだろうか？　それは誰《だれ》に対して向けられているか？　それに対して私たちはどのように立ち向かえばよいか？（Kennzeichen C9, p.30）

さらに第一〇学年の教科書は、ナチスが台頭するなかで、教会、なかでもバイエルンのカトリック教会は何をしていたのか、なぜ止められなかったのかを歴史的に詳細に追っています。

ホロコーストに対するこのような徹底した反省やユダヤ教への配慮は、そうしないとユダヤ人団体からクレームがくるからといった消極的理由による、単なる自主規制ではありません。ユダヤ教をどう位置づけるかは、自分たちキリスト教徒にとって、「キリスト教の意義はなんなのか」という根本的な問題と不可分なのです。かつては、「ユダヤ教の問題を改良したのがキリスト教。だから世界に広がることができた」と、いわばユダヤ教のネガティブ・キャンペーンをすることでキリスト教をすばらしいものと示すことができました。しかし現在は、ユダヤ教を誹謗《ひぼう》中傷することなく、素《す》のままでキリスト教のよさをストレートに語ることが、キリスト教の教育で求められているのです。

しかし、そのようなフェアな語り方は、実際にはそれほど簡単なことではないようです。第一〇学年用教科書は、イエスの教えの中心とされる「山上の説教」の説明で、それは「敵への愛」の要求を通して、その頂点に達するとし、次のように述べます。

イエスは、敵への憎しみに抗して、敵への愛を強調します。なぜならば、神はすべての人間たちを受け入れており、またイエスの後継者たちは神の意思に倣《なら》わなければならないからです。というのも、すでに天地創造の物語のなかで語られているように、あらゆる人間は神の似姿に他ならないのです。それゆえに、イエスは次のように要求します。(マタイによる福音書五章四

三～四八節の引用が続く)(*Kennzeichen C10*, p.29)

「キリスト教＝愛の教え」というのは日本の教科書でも定式です。しかし、この教科書はこの後すぐに、こう述べています。

「人にしてもらいたいと思うことは何でも、あなたがたも人にしなさい！　これこそ律法と預言者である。」(マタイによる福音書七章一二節)

このいわゆる黄金律は、他の諸宗教のなかにも見いだされるものですが、これこそがイエスの倫理的・道徳的な綱領です。(p.31)

イエスが一番言いたかったことは、実は他の宗教にも同様にあるとなると、生徒は「それではキリスト教でなくてもいいのでは」となりかねません。しかも、さらにその後、この教科書は、山上の説教に対する多様な解釈を、反論も含め、一二も載せています。その大半はドイツ人のもので、「山上の説教によっては、いかなる政治をおこなうこともできない」というシュミット元首相の言葉まであります。山上の説教には、「悪人に手向かうな。もし、だれかがあなたの右の頬《ほお》を打つなら、ほかの頬をも向けてやりなさい」という有名なフレーズがありますが、そんなことは現実には不可能だという意見がドイツでもよくあるということです。信者の生徒はこれらを受け止められるのだろうかと少し心配になるほどですが、ここまで徹底してフェアな教育を模索しているのです。

宗教を通して身近な暴力について考える

ドイツの宗教科は道徳の授業を兼ねています。キリスト教について知るだけではなく、クリスチャンとして、キリスト教をとおして、道徳的な問題、たとえば善とは何か、悪とは何かといったことに取り組むのです。たとえば、先ほどの第九学年用の教科書は、「善とは何か悪とは何か」という章を、地元で起きた事件を話題にすることから始めています。

K・ヴェーナー（仮名）は、アウクスブルクの州立裁判所で一一か月の間拘禁刑に処せられていました。彼は自分の彼女や友人たちのために、一年間ずっとフランクフルトで麻薬の取引をしていたのです。同時に彼は小切手詐欺も行っており、言い逃れできない罪を犯していました。しかしながら、彼の量刑は軽減されました。ヴェーナーは検察庁の未決勾留措置の際に捜査協力し、架空の取引によって他の麻薬取引商たちを逮捕することに一役買ったのです。

アウクスブルクのある学校のクラスでこの公判に関する検討がなされ、そこで生徒たちから様々な意見が出ました。

この起訴に関してあるグループは、他の取引商たちを捕えるためとはいえ、彼の行為はとてもほめられたものではないと考えました。それに対して他のあるグループは、そのような犯罪者を逮捕するためには、彼の行為は方法として適切であったと考えました。しかし同じ事柄が、なぜこのように異なる評価につながったのでしょう？（*Kennzeichen C9*, p.104）

このように、わざと意見が分かれやすい事例、しかも冒頭から麻薬のディーラーの話を出すとは、あきらかに生徒たちを「つかみに」いっていますね。「眠くなるような道徳の授業はしません」という意気込みが感じられます。

もう一つ例を引用します。これはイエスの安息日批判は、現代社会に置き直せばどういうことになるかを考えるものです。安息日は労働をしてはいけない、食事はいいが料理はいけないという日ですが、ある安息日の日、イエスの弟子たちは空腹におそわれ、そこに生えていた麦の穂をつみました。それは安息日破りだと他のユダヤ人にとがめられたので、イエスは、「安息日は人のために定められた。人が安息日のためにあるのではない」と言い、しゃくし定規に戒律を守ることを批判したという話が聖書にあります（マルコによる福音書二章二三～二八節）。これを受けて、この教科書は次の事例を挙げています。

ヨアヒムは優秀な空手家です。空手というスポーツには厳格な規則があり、試合以外の場所でその技を用いることは禁じられています。レテンにいる親戚を訪問する際、彼は三人のスキンヘッドの男たちが一人のヴェトナム難民に暴力を振るっている場面の目撃者となりました。ヨアヒムは何をすべきでしょうか？（p.110）

この例題から、ドイツの子どもたちにとってリアリティがある暴力問題とは、こういったシチュエーションなのだということがわかります。「スキンヘッドの男」とは、ネオナチなどと呼ばれる、人種差別的な〝不良〟の若者たちを指します。学校がホロコーストへの反省を説く一方で、今の社会に不満をもつ若者のなかには、ヒトラーを崇拝する人も、少数ながら出てきているのです。だからこそ、このような問題を通して考えてもらいたいということなのでしょう。

この問題に、ドイツの子どもたちはどう答えるのでしょうか。「ヨアヒムはスキンヘッドの男たちを空手でやっつけ、ヴェトナム人を救うべきだ」と言う生徒もいるでしょう。イエスは緊急事態なら規則を破ってよいと言ったのだから、という理由で。「いや、それはまずい」と言う生徒もいるでしょう。「イエスは、『敵をも愛せ』『右の頬を打たれたら、左の頬も差し出せ』と言ったじゃないか」と言って。「相手がどのくらい強そうかにもよるよね」と言う現実派もいるかもしれません。いずれにしても、自分が実際にとるかもしれない行動を、イエスの教えに照らしながら考えることが求められているのです。

プロテスタントの宗教科の授業は、自ら考え、他の生徒と話し合うというスタイルがいっそう顕著なようです。たとえば東部ブランデンブルク州の中学生用（一二～一五歳）教科書『宗教』（*Religion*）は、ほぼ全ページが、イメージ画、詩、エッセー、物語です（左ページ）。教科書はディスカッションの材料を提供するのが役目なのです。授業を実地調査した久保田浩氏によれば、新聞記事などを使ったディスカッション中心の授業であるため、生徒たちは、宗教というより社会科の授業だと思っているくらいだそうです。

Nicht meine Sache

Geh an ihm vorbei
als ob er nicht da wäre.
Kümmere dich nicht
um seinen versunkenen Blick.
Er ist hier,
weil er hier sein will.
Alles Geld, das du ihm schenkst,
gibt er für Schnaps aus.
Er ist nicht unser Problem.
Wir kennen ihn nicht.
Noch ein Penner auf der Straße.
Was kümmert mich das.
Soll er doch arbeiten,
dann hat er auch zu leben.
Er ist gar kein richtiger Mensch,
nur Müll auf dem Weg.
Noch ein Stück Müll,
das ist alles...
O bitte, Gott, lass nicht zu,
dass mir das Gleiche geschieht.

D. J. Purnell

6 7

プロテスタント教科書（第 7/8 学年用）の「隣人愛」という最初の章の冒頭。T. ザカリアスの絵と D.J. パーネルの詩から始まります。

彼のそばを通り過ぎなさい、
あたかもそこに彼がいないかのように。
気にかけないようにしなさい、
彼の沈んだまなざしを。
彼はここにいます、
なぜなら、ここにいたいからです。
あなたが彼にお金を送っても、そのすべてのお金を、
彼は酒のために使ってしまいます。
彼は私たちとは関係ありません。
私たちは彼のことを知りません。
通りに、もう一人の浮浪者。
それが私の気になるでしょうか。
彼はしかし働かなければなりません、
なぜなら彼は生きていかねばならないからです。
彼は正しい人間では全くありません、
路上のごみに過ぎません。
もう一山のごみ、
それがすべて……。
おお、神よ、許さないでください、
私に同じことが起きてしまうことを。（*Religion 7/8*, p.6–7）

「あなたは信じる？　信じない？」を問う

その「自ら具体的に考える」スタイルは、「セクトに注意しよう」という章にも見られます。ドイツでは危険な新宗教教団のことをカルトではなくセクトと呼びます。セクト問題を授業でとりあげることには賛否両論があります。つまり、一方では、信教の自由を守るために、教科書が、「これは危険な教団」「これは安全な教団」と挙げるのは望ましくないという考えがあります。一部の教団を差別しているように見えるからです（そのクラスに、その教団に属する生徒がいたら、どう思うかを想像すると、たしかにこれは問題ですね）。他方では、生徒たちを悪質なセクトの被害から守るために、「危険なものは危険とはっきり示す方がよい」という考えもあります。

先にあげた教科書では、バイエルン州のカトリック教科書が、セクトを名指しで挙げています。サイエントロジー、統一教会、ＨＨＷ（ＵＬ）といった教団です。しかし、ただそれらの教団は危ないから入るなというのではなく、それぞれの成り立ちや教義を説明したあとで、「三つのセクトの例を、教えや人生に対する理想的解決策の観点から調べよ。また、それをキリスト教信仰と比較せよ」という課題を出しています。

ドイツのなかではめずらしく「統合型」の授業として宗教を教えている教科書『私は必要な人間だ』（*Ich bin gefragt*）にも、セクト問題が登場します。「生活形成・倫理・宗教知識」という名称の授業で、ブランデンブルク州等で使われている中学生用教科書です。サイエントロジー、神の子どもたちといったセクトが、東西ドイツ統一後、旧東ドイツ地域で活発に布教をはじめ、社会問題化したことがその背景にあります。それでも、ただ「入るな」の一辺倒ではなく、セクトのどこがいけないのかをよく考えさせ、納得させるという方法をとっています。たとえば、エホバの証人という教団の輸血拒否の戒律により、信者の子どもである友だちが死亡してしまったというエピソードを出しつつ、教団側の見解も載せています。

さらにこの教科書は、より身近な問題として、オカルト遊びの是非について考えさせています。生徒の約半数がオカルトに興味をもっているというデータとともに、次のような話が載っています。

Ich bin gefragt, LER 7/8 (Cornelsen Verlag)

「よく友達と振り子占いやグラス占い［こっくりさんに似た占い　八九ページ写真］などをして霊を呼び出しています。最初は暇つぶしか余興に過ぎないと思っていたのですが、次第に本当に不安になってきました。わたしの部屋で不可思議なことが起こるようになったのです。ろうそくの炎が揺れ出したり、音楽のボリュームがひとりでに大きくなったり小さくなったりするのです。霊の夢も見ます」タニヤ、一三歳（*Ich bin gefragt, LER* 7/8, p.138）

また、こういったミニ知識もついています。

第二次世界大戦中多くの男性が戦時捕虜となった時、妻たちは振り子占いをして夫の生存と帰還の可能性を知ろうとした。妻たちは夫の写真か結婚式の時の写真の上に振り子を垂らし、振り子が回転すれば生存のサインと、普通に振れれば死を告げていると考えた。（p.138）

その上で、「人間はどうして、繰り返し「自発的に」依存状態に入り込もうとするのか、考えてみなさい」という課題をつけ、「オカルティズムへと逃避することは不安な状態を解消することにもなるが、精神的な障害を起こす人も少なくない」とまとめています。つまり、ドイツにもスピリチュアル・ブームはあるのですが、旧東ドイツの科学主義的伝統によるの

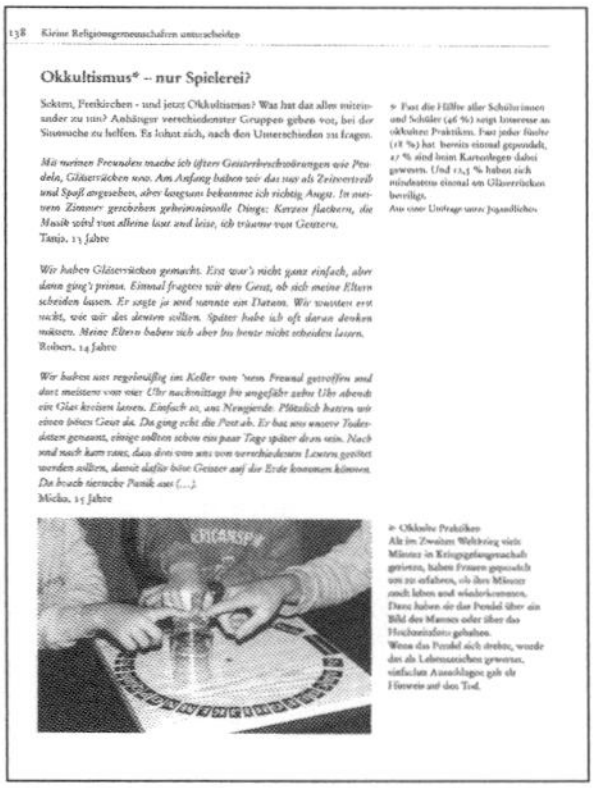
138 Kleine Religionsgemeinschaften unterscheiden

Okkultismus* – nur Spielerei?

Sekten, Freikirchen – und jetzt Okkultismus? Was hat das alles miteinander zu tun? Anhänger verschiedenster Gruppen geben vor, bei der Sinnsuche zu helfen. Es lohnt sich, nach den Unterschieden zu fragen.

Mit meinen Freunden mache ich öfters Geisterbeschwörungen wie Pendeln, Gläserrücken usw. Am Anfang haben wir das nur als Zeitvertreib und Spaß angesehen, aber langsam bekomme ich richtig Angst. In meinem Zimmer geschehen geheimnisvolle Dinge: Kerzen flackern, die Musik wird von alleine laut und leise, ich träume von Geistern.
Tanja, 13 Jahre

Wir haben Gläserrücken gemacht. Erst war's nicht ganz einfach, aber dann ging's prima. Einmal fragten wir den Geist, ob sich meine Eltern scheiden lassen. Er sagte ja und nannte ein Datum. Wir wussten erst nicht, wie wir das deuten sollten. Später habe ich oft daran denken müssen. Meine Eltern haben sich aber bis heute nicht scheiden lassen.
Robert, 14 Jahre

Wir haben uns regelmäßig im Keller von 'nem Freund getroffen und dort meistens von vier Uhr nachmittags bis ungefähr zehn Uhr abends ein Glas kreisen lassen. Einfach so, aus Neugierde. Plötzlich hatten wir einen bösen Geist da. Da ging echt die Post ab. Er hat uns unsere Todesdaten genannt, einige sollten schon ein paar Tage später dran sein. Nach und nach kam raus, dass drei von uns von verschiedenen Leuten getötet werden sollten, damit dafür böse Geister auf die Erde kommen können. Da brach tierische Panik aus (...).
Micha, 15 Jahre

▸ Fast die Hälfte aller Schülerinnen und Schüler (46 %) zeigt Interesse an okkulten Praktiken. Fast jeder fünfte (18 %) hat bereits einmal gependelt, 17 % sind beim Kartenlegen dabei gewesen. Und 12,5 % haben sich mindestens einmal am Gläserrücken beteiligt.
Aus einer Umfrage unter Jugendlichen

▸ Okkulte Praktiken
Als im Zweiten Weltkrieg viele Männer in Kriegsgefangenschaft gerieten, haben Frauen gependelt, um zu erfahren, ob ihre Männer noch leben und wiederkommen. Dazu haben sie das Pendel über ein Bild des Mannes oder über das Hochzeitsfoto gehalten. Wenn das Pendel sich drehte, wurde das als Lebenszeichen gewertet, einfaches Ausschlagen galt als Hinweis auf den Tod.

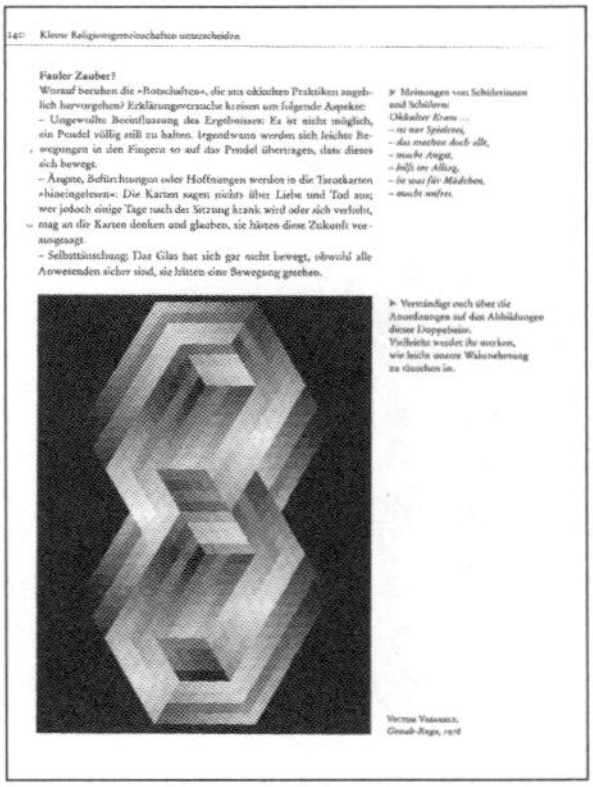
140 Kleine Religionsgemeinschaften unterscheiden

Fauler Zauber?
Worauf beruhen die »Botschaften«, die aus okkulten Praktiken angeblich hervorgehen? Erklärungsversuche kreisen um folgende Aspekte:
– Ungewollte Beeinflussung des Ergebnisses: Es ist nicht möglich, ein Pendel völlig still zu halten. Irgendwann werden sich leichte Bewegungen in den Fingern so auf das Pendel übertragen, dass dieses sich bewegt.
– Ängste, Befürchtungen oder Hoffnungen werden in die Tarotkarten »hineingelesen«: Die Karten sagen nichts über Liebe und Tod aus; wer jedoch einige Tage nach der Sitzung krank wird oder sich verliebt, mag an die Karten denken und glauben, sie hätten diese Zukunft vorausgesagt.
– Selbsttäuschung: Das Glas hat sich gar nicht bewegt, obwohl alle Anwesenden sicher sind, sie hätten eine Bewegung gesehen.

▸ Meinungen von Schülerinnen und Schülern:
Okkulter Kram ...
– ist nur Spielerei,
– das machen doch alle,
– macht Angst,
– hilft im Alltag,
– ist was für Mädchen,
– macht unfrei.

▸ Verständigt euch über die Anordnungen auf den Abbildungen dieser Doppelseite. Vielleicht werdet ihr merken, wie leicht unsere Wahrnehmung zu täuschen ist.

Victor Vasarely,

統合型の宗教科教科書、「オカルト」の章。左の写真がグラス占い。右は「だまし絵」で、「わたしたちの知覚がいかに容易に錯覚に陥るかが分かる」との説明が。(p.138, 140)

か、大人たちは、「それはやはり、はまってほしくない迷信」という方向に子どもを導いているのがうかがわれます。

　このようなオカルト信仰に比べ、地獄や天国の存在は、教科書ではどう扱われているでしょうか。「地獄」と聞くと、読者の皆さんは、「ホラーだ！」と思うかもしれませんが、伝統的なキリスト教信仰の一部です。今では一般には科学的ではないとされていますが、クリスチャンの生徒たちを対象とする宗教の教科書では、信じなさいと言っているのかどうか、気になります。

　九一ページはバイエルン州のカトリック教科書のページですが、カトリックならではなのは、天国・地獄のほかに、煉獄《れんごく》（天国・地獄の中間的な世界で、ここでしばらく罪を清めると天国に行けるとされる。プロテスタントはこれを否定してきた）が出てくるところです。

これは、先に紹介した、「善とは何か 悪とは何か」の章の一部です。導入の文章は、

死ののちに、生はどのようにして続くのでしょうか？　重要な画家や彫刻家たちの作り上げた画像が、何世紀にもわたって、このテーマについての人々のイメージを規定し続けてきました。その際、神が善人にどのように報い、また悪人にいかなる裁きを与えるかを示す画像を人々が作り出そうと努めてきたことは、きわめて当然のことと言えるでしょう。

（Kennzeichen C10, p.99）

となっています。「当然のことと言える」かどうかは判断が分かれるにしても、このように信仰の「絵画による表現」を鑑賞する方法をとることで、天国や地獄は「実在します」という信仰の強制を避ける工夫をしているのです。

①

Ein Sterbender befiehlt seine Seele – symbolisiert durch eine winzige nackte Gestalt – in die Hand Gottes. Der Teufel hat sie bereits gepackt. Aber der heilige Michael stürzt mit schwingendem Schwert zu ihrer Rettung herbei.
Illustration aus dem Stundenbuch des Herzogs von Rohan, 1. Viertel des 15. Jahrhunderts. Nationalbibliothek Paris.

②

Darstellung des Weltgerichts auf einem Wandteppich des 15. Jahrhunderts. Zwei Engel blasen in lange Hörner, um die Toten aus ihren Gräbern zu erwecken. – Vor einem Strahlenkranz thront Christus im roten Gewand des Richters auf einem doppelten Regenbogen. Zu seinen Füßen knien auf Wolkenbändern die Gottesmutter und Johannes der Täufer. Sie bitten um Gnade für die sündige Menschheit.
Germanisches Nationalmuseum Nürnberg.

③

Die schuldbeladenen Seelen werden im Eissee und im Feuerstrom geläutert. Sie leiden, aber die Hoffnung verlässt sie nicht und belebt sich jedesmal von neuem, wenn sie sehen, wie einer ihrer Unglücksgefährten, endlich von seinen Sünden gereinigt, von einem Engel aus dem Feuerstrom oder dem Eissee gezogen und ins Paradies geführt wird.
Illustration aus dem Stundenbuch des Herzogs von Berry, 1. Hälfte des 15. Jahrhunderts. Nationalbibliothek Paris.

100

①体から抜け出た死者の魂を、連れ去ろうとする悪魔、救おうと剣をふりかざしてやってくる天使ミカエル。
②15世紀の「最後の審判」の描写。死者たちを墓のなかから目覚めさせるために、二人の天使が長い角笛を吹いている。中央はキリスト。その足元には、聖母と洗礼者ヨハネ。
③煉獄の図。罪を背負った魂が、氷の湖と炎の河のなかで洗い浄められている。(*Kennzeichen C10*, p.100)

第5章　トルコ――イスラムは特別か
ワン・オブ・ゼムか？

トルコは、国民の約九五％がイスラム教徒といわれます。イスラム国のなかでは、ヨーロッパにもっとも近い、あるいはヨーロッパの一員とみなされることもある国ですが、イスラム教徒の割合はとても高いのです。同時に、憲法では政教分離制をとっているところが特徴的です。

政教分離制になったのは、六〇〇年以上続いたオスマン・トルコ帝国が崩壊し、一九二三年にケマル・アタテュルクがトルコ共和国を樹立してからです。政教分離とは、イスラム圏の場合はなによりも、シャリーアというイスラム法ではなく、世俗的な法律により国を治めることを指します。つまり、クルアーン等に定められた昔ながらの掟《おきて》ではなく、宗教色ぬきの法律を全面的に用いるということです。しかも、フランスに近い厳格な分離を守るため、たとえば、公の場で女性がスカーフを着用することは禁じられてきました。

DİN KÜLTÜRÜ VE AHLAK BİLGİSİ İLKÖĞRETİM（MEB）

政教分離制になった当初、教育もまた、宗教色ぬきがよいとされ、公立校では宗教の授業は廃止されました。ところが、国民から学校で宗教教育をしてほしいという要望が大きく、授業は徐々に復活し、一九八二年には公立学校の宗教の授業を必修にすることが憲法に明記されました。現在も「宗教文化と道徳」という名称で、第四学年から第八学年（一〇～一四歳）まで授業が行われています。

これまで見てきた（元《もと》）キリスト教国では、現在はキリスト教だけでなく、諸宗教を受け入れ、相互理解を促進する授業が展開され、そのことが教科書に現れていました。政教分離制をとりながらも圧倒的多数がイスラム教徒であるトルコではどうでしょうか。

信者のためにイスラムを語る

もっともよく使われている、教育省発行の教科書、『宗教文化と道徳』（*DİN KÜLTÜRÜ VE AHLAK BİLGİSİ İLKÖĞRETİM*）の第八学年用を見てみましょう。「宗教文化」という名称ですが、目次をみると、全体の六分の五はイスラムのみに関する内容だとわかります。

ユニット1の「運命」とは、神がこの世のあらゆるものごとを、秩序あるものとして創ったことについて考えるという趣旨です。「神が創ったと信じなさい」という書き方ではなく、生徒たちがすでにそう信じていることを前提として、「もし秩序がなかったらどうなるか」を考え、神が創ったこの世界（全宇宙）がいかにうまくできているかを納得するよう促しています。たとえば、「太陽は引力によって惑星を自分に引き寄せ、惑星が各々の軌道に留まれるようにしている」という秩序を創ったのも神です。この秩序がなかったら、つまり、「太陽の引力がなかったら、惑星は各々がぶつかり合って砕け散っていただろう」と生徒が気づくことが期待されています。

七世紀に成立したクルアーン自体の世界観は、もちろん天動説です。しかし、その後地動説がゆるぎないものになっても、それをイスラムの信仰と衝突させず、「太陽のまわりを地球がまわっているのも神のわざ」だとイスラム教徒の多くは納得してきたのです。ガリレオ裁判のあったキリスト教世界とは異なる形で、宗教と科学を融合させたのです。それが現在の、政教分離制下の教科書にも、冒頭に現れるところは印象的です。

ユニット2は、信者の基本的な務めである五柱（行）のうち主に二つについて、その意義を正しく理解するための内容です。ユニット3では、ムハンマドが示した模範的行いが、ユニット4では、クルアーンの内容が、ユニット5では、イスラムにおいてたたえられる道徳的行いがどういうものであるかを学びます。

『宗教文化と道徳』第８学年用もくじ

学習範囲　：信仰
ユニット1：運命
学習範囲　：信仰儀礼
ユニット2：ザカート（喜捨）、巡礼、犠牲祭の信仰儀礼
学習範囲　：聖ムハンマド
ユニット3：聖ムハンマドの人生に見られる模範的な行い
学習範囲　：クルアーンとその解釈
ユニット4：イスラーム思想における様々な解釈
学習範囲　：道徳
ユニット5：宗教と美しい道徳
学習範囲　：宗教と文化
ユニット6：種々の宗教と普遍的な教え

この授業は必修ですが、このように、実質的にイスラム教育であるため、イスラム教徒ではない生徒は受けなくてよいことになっています。信者ではない子どもには強制されないということです。

「偶像崇拝」の宗教も尊重

しかし、トルコでも現在は、イスラムのことだけを学べばよいとはされていません。教科書でも最後のユニット6で、イスラム以外の宗教が次々に登場します。このユニットの目次詳細は九七ページです。

イスラムの教えでは、「ムハンマドは最後にして最高の預言者」とされています。イスラムでは、モーセやイエスも「預言者」と認

め、尊敬するのですが、ムハンマドが一番だとするのです。ムハンマドが広めたイスラムも最高の宗教であるとされます。しかし、教科書には、「ユダヤ教、キリスト教よりもイスラムの方が優れている」とは書かれていません。むしろ、一つ一つの宗教を紹介したうえで、それらの宗教に共通する教えを八つとりだし（左表の4.1〜4.8）、「目指していることはどの宗教も同じ」と説いているのです。

厳密には、すべての宗教は完全に対等であるとはされていません。ユダヤ・キリスト・イスラム教と、ヒンドゥー・仏教は違うという説明があります。それは一神教か多神教かの違いではありません。神からのお告げ（啓示）を受けて始まったかどうかです。

現在も活動している宗教は、啓示宗教とそうではないものの二つに分けることができる。神が預言者を通して伝えた啓示にもとづく宗教を啓示宗教と言う。これには、ユダヤ教、キリスト教、イスラームがある。人間によって創始された啓示にもとづかない宗教を非啓示宗教と言い、ヒンドゥー教や仏教はその最も明らかな例である。（*DİN KÜLTÜRÜ VE AHLAK BİLGİSİ İLKÖĞRETİM 8.SINIF*, p.121）

これは「あきらかな間違い」とはいえませんし、「啓示宗教に比べ、非啓示宗教は劣っている」とも書かれていないのですが、微妙なニュアンスを含みます。片方は神から与えられた宗教、他方は人間が作った宗教だとなると、神を信じる人たちは、「人間が作った宗教じゃ、どんなにブッダが優秀だったとしても、限界があるよね」と思いそうです。

とはいえ、これは神を信じるイスラム教徒にとっては譲れないラインなのです。キリスト教よりイスラムがよいとおおっぴらに優劣をつけたりはしないが、神が存在すること、神が宇宙を創ったこと、神の本物のお告げ＝ク

ユニット6の内容

1. なぜ宗教は普遍的な真実なのか？
2. なぜ複数の宗教があるのか？
3. 現在も活動している大きな宗教について知ろう
   3.1. ヒンドゥー教と仏教
   3.2. ユダヤ教
   3.3. キリスト教
   3.4. イスラーム
4. 諸宗教とイスラームの普遍的な教え
   4.1. 正しさ
   4.2. 清潔
   4.3. 善行と親切
   4.4. 年長者に敬意を、年少者に親愛を表す
   4.5. 動物愛護
   4.6. 環境を守る
   4.7. 害のある習癖を避ける
   4.8. 他者へ害を加えない
      4.8.1. 殺さないこと
      4.8.2. 盗んではならないこと
      4.8.3. 嘘《うそ》の証言を行なわないこと
5. 他者の信仰に寛容であること

ルアーンであること、インドでは神はお告げを下さなかったこと、それらをみな「事実」としなければ、イスラムという宗教の根幹を否定することになってしまうのです。政教分離＝信教の自由を掲げる以上、教科書は、キリスト教や仏教を差別しないが、しかし、それはまぎれもなく神を信じる立場から書かれている、これがトルコ流のバランス感覚なのです。

イスラムが偶像崇拝を厳しく禁止することはよく知られています。この教科書は、ヒンドゥー教徒や仏教徒が、神や仏を像に刻み、拝むことを隠してはいません。「ブッダの死後、……、仏像が作られて偶像となり、礼拝の対象となり始めた」とはっきり書かれています。それでも、だから仏教は邪教だとはせず、強調しているのは仏教を含む他の宗教とイスラムの間には共通する大きな価値が八つもあるというところです。

よく見れば、隠していること、触れないこともないわけではありません。たとえば、「ユダヤ教徒はパレスチナ（カナン）を神からもらった土地、自分たちの土地だと信じている」という記述はありません。これは現在のイスラエル―パレスチナ問題に直結する、あまりに政治的なことがらだからでしょう。

他の人の信仰を尊重しようという態度は、イスラムの内部にも向けられています。イスラムには「スーフィー」という神秘主義者たちがいます。イスラムの主流派と異なり、瞑想《めいそう》を重んじ（つまり、仏教やヒンドゥー教に似ている）、ふしぎなパワーを持つ神秘家を聖人として崇《あが》める点が偶像崇拝的でもあるため、歴史の中では異端として迫害されることもありました。しかし、この教科書はスーフィーを積極的に取り上げています。とくにトルコ生まれのメヴレヴィ教団には、次の引用にみられるように肯定的です。

アナトリア（トルコの地域）に寛容な文化が広まる過程で先駆者となった代表的な神秘主義教団である。こういった神秘主義教団の活動は、セルジューク朝やオスマン朝が成立し発展する上でも重要な役割を果たし、国家の秩序が荒廃した時代においても、社会を一つにまとめ、人々が安寧と幸福の中で暮らせることを可能にした。（p.82）

最後の「他者の信仰に寛容であること」という章には、自分の信仰が大事なものであるなら、他人の信仰をも同じように尊重しようということ、またそういった寛容の態度はイスラムの伝統でも、トルコの伝統でも重んじられてきたことが語られています。

ÜNİTE 4

Bazı tasavvuf önderlerinin temsili resimleri

YUNUS EMRE · MEVLANA · HACI BEKTAŞ VELİ · AHMET YESEVİ · AHİ EVRAN

Tasavvufi yorumlar, kalp temizliği ve güzel ahlak üzerinde durur. İnsanları manevi açıdan eğitmeyi ve olgunlaştırmayı amaçlar. Bu amaca ulaşmak için dünyanın geçici olduğunu düşünerek maddi değerlerden daha çok, manevi değerlere önem vermek gerekir.

Tasavvufi yorumların en fazla üzerinde durduğu husus, Allah korkusunu ve Allah sevgisini kalbe yerleştirmektir. İnanç ve ibadetlerin daha içtenlikle yapılması, kalbin temizliğine bağlıdır. İslam dini kalp temizliğine önem vermiş ve Allah'ın huzuruna tertemiz bir kalp ile çıkılmasını öğütlemiştir. Allah'ın huzuruna temiz bir kalple çıkmaktan başka hiçbir şeyin faydası yoktur.[1] Allah sevgisiyle dolu olan bir insan, başkalarını incitmekten sakınır ve insanlar arasında sevgi ve dostluğun yayılmasına katkı sağlar.

Tasavvufi yorumlar, İslam dininin birçok coğrafyada yayılmasını sağlamıştır. İslamiyet; Hint Yarımadası, Horasan, İran, Anadolu, Kafkaslar, Kuzey Afrika ve Balkanlar'da daha çok tasavvufi yorumlar aracılığıyla yayılmıştır. Hoca Ahmed Yesevi, Yunus Emre, Hacı Bektaş Veli, Mevlana, Ahi Evran ve Hacı Bayram Veli gibi şahsiyetler, ahlaki değerlerin başta Anadolu olmak üzere birçok bölgede yayılmasına öncülük etmişlerdir. Ayrıca bu şahsiyetlerin kültür ve edebiyatımız üzerinde de önemli etkileri vardır.

左からユヌス・エムレ、メヴラーナ、ハジュ・ベクタシュ・ヴェリ、アフメット・イェセヴィ、アヒ・エヴランという神秘主義者。(*DİN KÜLTÜRÜ VE AHLAK BİLGİSİ İLKÖĞRETİM 8.SINIF*, p.82)

メヴレヴィ教団の旋回舞踊。回転しながら、神秘体験に必要な忘我状態に入るのです。トルコが政教分離制に変わった1923年以降、活動を禁止されてしまったという経緯をもつ教団です（旋回舞踊は観光用に許されたのですが）。

イスラム教徒が他宗教について知りたいこと

他に、この教科書で興味深いのは、「イスラム教徒はいろいろな宗教を見るときどこに注目するか」がわかることです。私たちは、イスラム教徒といえば、「一日五回礼拝をする」という戒律が印象に残ったりします。これはイスラム側からみれば、「ヒンドゥー教徒や仏教徒のお祈りは、一日何回って決まっていないんだって。不思議だね」となるようです。

> ヒンドゥー教では、信仰儀礼に一定の形式がなく、信仰儀礼は個人的なものとなっていて、皆が好きな時間に好きなやり方で信仰儀礼を実践できる。……
> 仏教には、特定の信仰儀礼や祈りの形式というものがない。仏教徒たちは寺院へ赴いて仏像に敬意を表す。個人の家々でも一隅に置かれた仏像に敬意を表して礼拝する。(p.122-3)

お祈りのやりかたも個人の好き放題、とは言い過ぎの感がありますが、イスラムから見れば、ずいぶんバラバラなのでしょう。

同様に、他の宗教のお祈りの形式も気になるらしく、次のような説明がついています。

ユダヤ教の礼拝は、日々のものと週ごとの二つに分けられる。日々の礼拝は、朝、昼、夕方の三回にわたって行なわれる。土曜日には、シナゴーグに集まって礼拝を営む。礼拝においては、聖典の一部を読誦《どくしょう》する。礼拝へ女性の参加は認められない。頭を覆って礼拝を見学することだけができる。（p.124）

キリスト教徒の礼拝は、日々のもの、週ごとのもの、そして一年の決まった期間に行なわれる祭礼の三部から成り立っている。日々の礼拝は朝と夕方、週ごとの礼拝は日曜日に、祭礼は宗教的な祝祭において行なわれる。（p.125）

こういったことは、日本の宗教入門書にはまず書かれていません。イスラムにはイスラムの「知りたいこと」の優先順位があるのだなということがわかります。

イスラムと諸宗教に共有される価値観として出されている、「正しさ」「親切」「他人に害を与えない」などは、日本人や欧米人も諸宗教の共通性として挙げるものでしょう。それに対して、イスラム視点ならではと感じるのは、「清潔」が二番目に挙がっているところです。

「日本人は清潔好き」で、それは神道から来ていると信じている日本人は少なくないかもしれませんが、イスラム教徒も自分たちは清潔好きだと思ってきました。ところが、イスラムの外を見てみたら、それはイスラムだけじゃなかった、という大発見があったのです。


ユダヤ教の聖典であるモーセ五書にも清潔に関する記述がある。

「…自分を清潔にできない者は、民衆の中から追われるだろう」。

さらに、物理的な清潔さと共に、心の清潔さも大切であることが明らかにされている。

キリスト教においては、心と身体の清潔について次のような表現が見られる。

「口から発するものは心から出て来る。これが人を汚す。悪意、殺人、姦淫《かんいん》、不義、盗み、嘘の証言、中傷は全て心から出るものだ。人を汚すものはこれなのである」。

ヒンドゥー教の人々は、夜明け前に起きて、家や河岸で行なう朝の礼拝に備え、神の名を唱えて体を洗う。仏教で重要とされていることは、人間が自制しながら、物理的、そして精神的な穢《けが》れから自己を浄化するというものである。（p.128）

また、イスラムから見たイスラムはどうなのか、つまり、この教科書はトルコの子どもまたちにイスラムをどういうものとして見せたいのかというのも興味深いところです。欧米の教科書のなかには、イスラムの女性差別の問題をとりあげるものがよくあります（筆者が見た限りでは、差別があると指摘する教科書よりも、「ムハンマド以前のアラブ社会に比べると、イスラムは女性の地位を向上させた」とイスラムを弁護している教科書の方が多いのですが）。それに対し、この教科書は、ムハンマドは「人種、性別、財産、地位」によって人を差別することはなかった、と強調していますが、女性差別そのものを論じることはありません。

しかし、それは女性を無視しているというのとは違います。たとえば、かねてから筆者は、日本で出版されている本には、メッカ巡礼のときに男性は何を着るかは書かれているが、女性が何を着るかは書かれていないことが気になっていました。それが、この教科書には、男女ともにイラスト入りで説明されていたので、とても参考になりました（左図）。

他方、動物愛護の必要性は何度かとりあげられています。イスラムでは動物供犠（いけにえの儀式）を行うので、動物愛護を説くのは矛盾しているように見えるかもしれません。ところが、ムハンマドの動物愛護は、伝承によればかなり細部にわたっています。動物を虐《しいた》げたり、痛めつけたりせず、餌《えさ》を与え、清潔に気を配らなければいけないとしたことはもちろんのこと、「乗り物として使っている動物を停めて上に乗ったまま無駄話をしたりすること

İhrama Girme

Hac ve umre ibadeti yerine getirilirken yapılmasında sakınca olmayan bazı mübah amellerin belirli bir sınırdan sonra yasak olması demektir. Kâbe'nin etrafında "mikat" denen bir sınır vardır. Kâbe'ye gidenler bu sınırda ihrama girerler. İhrama girildikten sonra bazı yasaklar başlar. Bunlardan bazıları:

- Erkekler dikişli elbise giyemezler, bunun yerine iki parça örtüye bürünürler. Kadınlar ise normal dikişli elbiselerini giymeye devam ederler. Koku süremezler.

- Vücuttan saç, sakal, tırnak veya başka birşey kesemezler. Bitkileri koparamazlar ve hayvanlara zarar veremezler.

Hac ve umre ibadeti bittikten sonra bu yasaklar kalkar. Yasakların kalkması ile saç tıraşı olunur ve ihramdan çıkılır.

[1] Hucurât suresi, 10. ayet.

İhramlının kıyafeti

メッカ巡礼のとき、カーバ神殿の周囲にはミーカートと呼ばれる一線があり、神殿へ行く者はここでイフラムという巡礼用の服を着ます。それについては決まりがあります。

・男性は縫い目のある服を着ることができず、代わりに、二つの白い布を巻く。
・女性は通常の縫い目がある服をそのまま着用することができるが、香りをつけてはならない。
・髪や鬚、爪など体の一部を切ってはならない。植物を切ったり、動物に害を与えたりしてはならない。(p.41)

も快く思わなかった」というエピソードも載っています。家畜の耳や鼻へ（切ったり焼いたりしながら）識別の印を付けることも禁じたとあります。

それとともに、儀式として動物を犠牲にすることがあるのはなぜなのかも、その方法を含め詳細に説明しています。それによれば、儀式にもいろいろな種類があり、願かけのためなら願いをかける本人はその肉を食べてはならず、神の赦《ゆる》しを得るためや感謝のためなら、貧しい人にも分けながら自分も食べることができるのだそうです。そしていずれの場合も、いとおしんできた家畜だからこそ、それを神のためにささげることに意味があると述べられています。

10. Kurban Nedir ve Niçin Kesilir?

İslam dininde yerine getirilmesi vacip ibadetlerden biri de kurbandır. Kurban, Allah'a yaklaşmak ve onun hoşnutluğunu kazanmak amacıyla belli bir zamanda nitelikleri belli bir hayvanı kesmektir. Ayrıca kesilen bu hayvana da "kurban" denir.

Akıllı, ergenlik çağına girmiş ve zekât verebilecek seviyede zengin olan Müslümanlar, kurban kesmekle yükümlüdürler. Bu yükümlülük Kur'an-ı Kerim'de şöyle ifade edilmiştir: **"Biz, her ümmet için bir kurban ibadeti koyduk ki Allah'ın kendilerine rızık olarak verdiği hayvanların üzerine onun adını ansınlar. İlahınız, bir tek İlah'tır. Öyle ise ona teslim olun. (Ey Muhammed!) o ihlaslı ve mütevazı insanları müjdele!"**[1]

Peygamberimiz de kurban kesmenin gerekliliğini şu şekilde belirtmiştir: **"Kim imkânı olduğu hâlde kurban kesmezse bizim mescidimize yaklaşmasın."**[2]

Kurbanlık Hayvanlar	Kaç kişi adına kurban edilir?	Kurbanlık Hayvanın Nitelikleri	
Koyun ve keçi	1 kişi adına kurban edilir.	En az 1 yaşında olmalı	Bu hayvanların sağlıklı olması gerekir.
Sığır ve manda	1-7 kişi arasında ortaklaşa kurban edilebilir.	En az 2 yaşında olmalı	
Deve	1-7 kişi arasında ortaklaşa kurban edilebilir.	En az 5 yaşında olmalı	

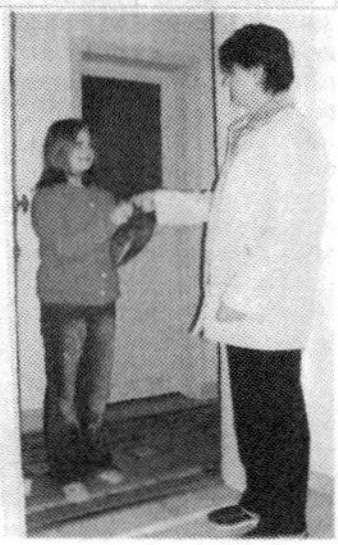

Kurban, bayram günlerinde herhangi bir vakitte kesilebilir. Kurbanı kesecek kişinin bu işi iyi biliyor olması gerekir. Bu nedenle kurbanı, kendisi kesemeyenler, kesim işlemleri için vekil tayin edebilir. Kesmeye götürürken kurbana iyi davranılmalıdır. Eziyet verici davranışlardan kaçınılmalıdır.

Kurbanlık hayvan, kıbleye doğru yatırılır ve **"Bismillahi Allahu ekber"** denilerek kesilir. Kurban kesilirken çevre temizliğine ve sağlık kurallarına uyulmalıdır.

Kurban eti, yoksullara dağıtılabileceği gibi aile bireyleri için de ayrılabilir veya bayramda eve gelen konuklara ikram edilebilir. Kurbanın derisi ise hayır kurumlarına veya fakirlere verilebilir.

Kurban, Allah'ın rızasını kazanmak için kesilir. Kurban kesen kişinin Allah'a bağlılığı artar. Ona yakın olmanın mutluluğunu yaşar. Kişi kurban kesmekle Allah'ın emrine uyarak kulluk bilincini ortaya koyar. Kur'an-ı Kerim'de bu durum şöyle belirtilmiştir: **"Onların ne etleri ne de kanları Allah'a ulaşmaz. Fakat sizin Allah'ın emirlerine bağlılığınız ona ulaşır...."**[3]

断食あけの犠牲祭（家畜の供犠）の説明。供えられる家畜はクルバンと呼びます。下の写真は、子どもがクルバンの肉を訪問者にふるまっているところ。（p.46）

クルバンにされる動物	何人の実践者の名においてクルバンを捧げるのか？	クルバンに適切とされる動物の状態	
羊と山羊	1人の名においてクルバンを捧げる。	1歳を越えたもの	動物は健康でなければならない。
牛と水牛	1〜7人が連名でクルバンを捧げる。	2歳を越えたもの	
ラクダ	1〜7人が連名でクルバンを捧げる。	5歳を越えたもの	

3.3. Zekât Nelerden Verilir?

Bir maldan zekât verilebilmesi için o malın gelir getiren cinsten olması gerekir. Ayrıca bu malların ihtiyaç fazlası olması da şarttır. Oturulan ev, evde kullanılan eşyalar, giyilen elbiseler ve binek olarak kullanılan araç için zekât verilmez. Diğer taraftan zekât, malların iyisinden verilmelidir. Nitekim bu durum, Kur'an-ı Kerim'de şöyle ifade edilmiştir: **"Ey iman edenler! Kazandıklarınızın iyilerinden ve rızık olarak yerden size çıkardıklarımızdan hayra harcayın. Size verilse gözünüzü yummadan alamayacağınız kötü malı, hayır diye vermeye kalkışmayın. Biliniz ki Allah zengindir, övgüye layıktır."**[1]

Zekât verilecek mallar şunlardır:

- Altın, gümüş, nakit para ve menkul değerler.
- Ticaret malları.
- Toprak ürünleri.
- Koyun ve keçi gibi küçükbaş hayvanlar ile sığır, manda ve deve gibi büyükbaş hayvanlar.

ザカート（喜捨。寄付に近い）の説明。14 歳でも何をどれだけさしだすべきかを詳しく学びます。(p.46)

Zekâtı Kim	Nelerden	Ne kadar	Kimlere vermelidir?
Zengin olan her Müslüman	- Altın, gümüş, nakit para ve menkul değerler - Ticaret malları - Koyun ve keçi	1/40 veya %2.5	- Yoksullar - Düşkünler - Borçlular - Yolda kalmış yolcular - Özgürlüğünü yitirmiş olanlar - Kalbi İslam'a ısındırılmak istenenler - Zekât memurları
	- Sığır ve manda	1/30	
	- Deve	Her beş deve için bir koyun veya keçi	
	- Toprak ürünleri	1/10	

誰がザカートを…	どのようなものを…	どのくらい…	誰に与えるべきか？
全ての裕福なムスリム	ー金、銀、現金およびその他の動産 ー商品 ー羊と山羊	1/40 もしくは 2.5%	ー貧者 ー困窮者 ー負債を抱えた者 ー旅人 ー自由を失った者 ー心がイスラームになびこうとしている者 ーザカート担当の役人
	ー牛と水牛	1/30	
	ーラクダ	5頭のラクダに対して1頭の羊あるいは山羊	
	ー農産物	1/10	

第6章　タイ——日本の仏教をどう見ているのか？

西から一気に東に目を向けてみましょう。トルコとはうって変わって、タイは国民の約九五％が仏教徒という国です。その大部分は、日本の仏教の中心である大乗仏教ではなく、上座部仏教を信奉しています（大乗仏教側は「小乗仏教」と呼んできましたが、これは蔑称《べっしょう》であるため、現在は用いないことになっています）。

それだけ仏教徒が多い国ですが、制度的にはトルコ同様、政教分離制をとり、仏教を国教とはしていません。ただし、諸宗教を完全に平等とするわけではなく、仏教、イスラム、キリスト教、ヒンドゥー教、シーク教のみを「公認宗教」としています（これら以外の宗教は、信じることを禁じられているというほどではないのですが、国家からの援助はえられません）。また、国教ではないといっても、多数派の上座部仏教が社会の中で示す存在感は圧倒的です。たとえば、タイの祝日の多くは、上座部仏教の祭日か、または王室関係の記念日です（タイ

Nangsu.riang Sara-kanrianru Phu.nthan Phraputthasasana(Watana Panich).

幼い僧侶《そうりょ》たち。夏休みの間だけ、といった短期出家もあります。(PIXTA提供)

は王国［立憲君主制国家］です)。

さらに、幼いうちから出家して、僧院で勉強しながら成長する若者たちがいること も、日本とは大きな違いです。これは、経済的に貧しい家庭の男子が、沙弥《しゃみ》（見習僧）となり、寺院で修行をしつつ、お坊さんだけの学校に通い、仏教を中心に学ぶケースです。優秀な生徒は仏教大学に進学することができるのです。現在、沙弥の人数は約五万人とのことです。

ここで紹介するのは、そのような特殊な学校ではなく、普通校で使用されている、一般の子どもたちのための宗教科の教科書です。トルコの宗教科の教科書がイスラム中心であったように、こちらは仏教中心です。タイトルも「仏教」です。仏教徒以外の子どもたちは、代わりにそれぞれの宗教をメインにした宗教科の授業を受けられることになっています（分離型ということですが、人数が少なすぎる場合は授業が成立しにくいという壁はあるようです）。

タイの仏教は日本とここが違う

中学三年生用（一五歳前後）の宗教科教科書のうち、よく使われているワッタナー・パーニット社の『仏教』（*Nangsu,riang Sarakanrianru Phu,nthan Phraputthasasana Mo 3*）は左表のような構成になっています。大きな柱、仏（ブッダ）・法（ブッダが説いた教え）・僧（ブッダに従う僧侶・教団）は、仏教徒が帰依《きえ》すべき「三宝」といいます。これらが仏教の基本であるという理解は、日本の大乗仏教でも同じです。しかし、各章の中身を見ると、さまざまな点で日本との違いもあることがわかります。

たとえば、タイの仏教で最も重要なお祭りは、「ウィサーカ」といい、（陰暦）六月の満月の日に行われます。普通、「仏誕祭」と訳されますが、日本の灌仏会《かんぶつえ》（花祭り）とは異なり、ブッダが誕生したことだけでなく、悟りを開いたこと、亡くなった（涅槃《ねはん》に入った）ことを全て一緒に祝うのです。というのも、日本の仏教の暦では、灌仏会は四月八日、成道会《じょうどうえ》（開悟を祝う日）は一二月八日、涅槃会（入滅を祝う日）は二月一五日ですが、上座部仏教では、これらは皆、同じ日に起こったと伝えられているためです。現在、世界的に有名なのは、国連総会でも特別に認知された、上座部のこの祭日（「ウェーサク」という表記の方が多いですが）の方ですので、覚えておくとよいかもしれません。

　また、日本の教科書には、上座部仏教では修行（瞑想《めいそう》・座禅）をするのは僧侶だけであるかのように書かれていますが、この教科書を見ると、一般の信者もやるのだということがわかります。次ページは、生徒に瞑想の方法を説明するページです。瞑想によって、精神を集中し、智恵を深める練習をすると、勉強をはじめ日常生活に役立つと説明されています。公立校でも使う教科書で、瞑想法がここまで詳細に書かれているのは日本と大きく違うところです。日本では

『仏教』中学3年生用もくじ

学習単位1 仏（ブッダ）
- 第1課 仏教の歴史と重要性
- 第2課 仏伝とジャータカ
- 第3課 仏教における重要な日

学習単位2 法（ダンマ）
- 第4課 仏教の基本的な教え
- 第5課 仏教格言と仏教用語
- 第6課 三蔵およびそのエピソード
- 第7課 精神を集中し、智慧《ちえ》を深める

学習単位3 僧（サンガ）
- 第8課 仏弟子と模範的な仏教徒
- 第9課 仏教徒の義務と仏教儀礼
- 第10課 仏教徒の礼儀作法と僧侶への接し方
- 第11課 仏教討論会 問題解決と発展

1. ยืนตัวตรงด้วยอาการสำรวม ยกมือไขว้ข้างหลัง โดยมือขวาจับมือซ้ายวางไว้ตรงกระเบนเหน็บ หรือวางไว้ข้างหน้าบริเวณสะดือ หลับตา สำรวมจิตให้สติจับอยู่ที่กาย กำหนดว่า *ยืนหนอ* ช้า ๆ 5 ครั้ง

2. ค่อย ๆ ลืมตา ก้มหน้ามองดูปลายเท้าให้สติจับอยู่ที่เท้าหรือพื้นในระยะไม่เกิน 3 ก้าว

3. เดินจงกรมและบริกรรมไปพร้อม ๆ กับการก้าวเดิน 6 ระยะ หรือ 6 ขั้น ดังนี้

ขั้นที่ 1 บริกรรมว่า ขวาย่างหนอ ซ้ายย่างหนอ

ขั้นที่ 2 บริกรรมว่า ยกหนอ (ขณะยกเท้าขึ้น) เหยียบหนอ (ขณะวางเท้าลง)

ขั้นที่ 3 บริกรรมว่า ยกหนอ (ขณะยกเท้าขึ้น) ย่างหนอ (ขณะก้าวเท้าไป) เหยียบหนอ (ขณะวางเท้าลง)

ขั้นที่ 4 บริกรรมว่า ยกส้นหนอ (ขณะยกส้นขึ้น) ยกหนอ ย่างหนอ เหยียบหนอ

ขั้นที่ 5 บริกรรมว่า ยกส้นหนอ ยกหนอ ย่างหนอ ลงหนอ (ขณะจะวางเท้าลงพื้น) ถูกหนอ (ขณะเท้าถูกพื้น)

ขั้นที่ 6 บริกรรมว่า ยกส้นหนอ ยกหนอ ย่างหนอ ลงหนอ ถูกหนอ (ขณะเท้าถูกพื้น) กดหนอ (ขณะทิ้งน้ำหนักตัวยืนเต็มเท้า)

การบริหารจิตในอิริยาบถเดิน เรียกว่า การเดินจงกรม

あまりなじみがない、上の写真の「歩く瞑想」（歩行瞑想）の説明を引用します。

1．落ち着いた姿勢で直立し、両手を背中の腰の辺りに回し、右手で左手をつかんで交叉《こうさ》させる。あるいは、手を前で交叉させて臍《へそ》の辺りにおく。そして目を閉じて心を身体に集中し、「立っている」と、ゆっくり五回唱える。

2．静かに目を開き、三歩ほど歩く。目を伏せて足先ないしは床を見つめ、そこに意識を集中する。

3．歩く瞑想をしながら唱え言葉

を唱える。これは次のように六つの間隔ないしは段階に分けて行なう。
第1段階 右が進む、左が進む、と唱える。
第2段階 (足を上げるときに)上げる、(足を下ろして床におくとき)踏む、と唱える。
第3段階 (足を上げるときに)上げる、(前に進むときに)進む、(足を下ろして床におくときに)踏む、と唱える。
(以下略)(*Nangsu, riang Sarakanrianru Phu, nthan Phraputthasasana Mo 3, p.126*)

仏教と「文明」の関係

大きな仏教観についても、タイと日本では違いがあることがこの教科書からわかります。この教科書では仏教を「文明を発展させるもの」として示していますが、日本の教科書では仏教を「暴走した文明に対抗するもの」として描く傾向があります。高校の「倫理」などの日本の教科書は、仏教は「あらゆる生きとし生けるものを大切にせよと説いている」と強調し、「一切衆生《いっさいしゅじょう》 悉有仏性《しつうぶっしょう》」(すべての生き物は仏になる可能性をもつ[どこまでを「衆生」に含めるかは宗派によって異なるが、日本の天台宗等では動物だけでなく草木に及ぶとする])という言葉を引用しています。これは、仏教は、人間と他の動植物を区別せず、すべてを尊重し、その命を大切にするという意味にとれます。文明化が進み、命の重みを実感できなくなり、命を粗末に扱うようになった現代人に対して、警鐘を鳴らすのが仏教の役割だというメッセージを、日本の教科書は発しているのです。それに対して、タイの教科書はこう語っています。

仏教の重要性は、仏教徒の精神面への影響にとどまるものではない。仏教は社会全体にとっても様々な点で重要性を持っている。この学年では、世の中に文明を築く仏教の重要性と、世の中に平安をもたらす仏教の重要性について学ぶ。(p.28)

そして、「世界に文明をもたらす点での仏教の重要性」は、「教育、政治、統治、経済、公衆衛生、あるいは建築・造形美術・手工芸・絵画といった芸術など、様々な方面での世界の文明について深く考察してみると、そのほとんどにおいて、(仏教の教えである)聖増長《ぞうじょう》が基盤になっていることが見えてくる」ことより、明らかであると書かれています。聖増長は、「1. 信=確固たる信念」「2. 戒=良き振る舞い」「3. 捨=献身」「4. 聞=学習」の四項目から成る教えです。人々が聖増長を身につけると、文明が発展するというのです。たとえば、起源前三世紀にインド亜大陸のほぼ全域を統一した、アショーカ王のもとでインド文明は栄え、巨大な仏塔が建設されましたが、この教科書は、そのような仏塔が今日まで崩れずに存在しているのは、「心の強さを生む確固たる信念（信）、誠実な振る舞い（戒）、財や労働力や精神力を注ぐ献身（捨）、建築知識に関する能力（聞）といったものが、建築に関わった人々に備わっていたからである」と述べています。

開発途上国であるタイでは、仏教は社会を発展させる原動力として教えられ、日本では逆に、文明社会の病理を治すものとして教えられているのです。どちらが正しい、間違っているというよりも、それぞれの国で仏教を社会のために役立たせたいという気持ちから、同じ仏教という宗教を一八〇度違う観点から眺めているというのが興味深いところです。

厳密にいえば、タイでも現在は文明の発展がもたらす環境破壊などは問題視されています。最後の課の「仏教討論会」でとりあげられているのは、まさにその話題です。ただし、そこにも日本の教科書の語り方との違いはあります。日本では、「慈悲」の精神で、あるいは先に述べた「一切衆生悉有仏性」の教えにより、あらゆる生き物を慈しみ、それによって自然環境を守ろうとなります。しかし、これらの言葉は大乗仏教特有なのです。このタイの教科書には、大乗仏教のキーワードである「慈悲」は、全体を通しても数えるほどしか出てきません。代わりに使われている、仏教と環境保護を結びつけるときの仏教用語は、「中道」でのです。経済は発展すればするほどいいというものではない、ほどほどの中道を目指そうというのです。

日本で、「一切衆生悉有仏性」の教えが人気なのは、アニミズム（精霊信仰）の下地があるからだとよく言われます。アニミズムとは、草木、さらに岩や人工物などの無生物にまで霊魂が宿っているとみる信仰です（仏教渡来の前に存在した古代の神道は、このアニミズムの一種として分類されることが多いです）。「針供養」などは、針にも魂が宿っているという観念から生まれた、日本ならではの仏教儀礼とされています。

ところが、アニミズムはタイにも古来存在し、仏教受容後も続き、現在も生きているのです。タイ語ではこの意味での霊魂・精霊は「ピー」といいます。山川草木、あらゆるところにピーは宿っているとされます。幽霊・お化けもピーです。現実のタイの仏教には、このピー信仰と融合している部分もあります。

しかし、教科書の方はピー信仰について一切触れていません。したがって、ピーが宿るから木を大切にしようといった記述もありません。おそらく文部省や教育関係者の方針では、ピー信仰は迷信の一種であり、教育上は積極的にとりあげないということなのでしょう。

仏教と「平和」の関係

もう一つ、この教科書が強調しているのは、「仏教は社会に平安をもたらす」ということです。「仏教は平和的だ」というのは、日本にもよくある見方です。この教科書も、仏教は他人を思いやるよう、侮蔑したり仕返しをしたりするのはやめるよう説いている、と述べています。その他人には他宗教の信者も含まれます。

仏教は、他の人と言い争うことをやめ、仲良くすることを説いている。また、仏教では、他宗教の信者を激しく憎んでよいとは教えず、世の中には多くの人々がおりそれぞれ異なる考えをもっているので、我々はおおらかな心を持ち、違いを受け入れられるような人となるよう努力することが大切であると説いている。(p.33)

ただし、トルコの教科書と異なり、この教科書は、他宗教の内容にはほとんど言及がありません。実は、宗教対立ということでは、タイには注目すべきことがあります。この一〇年ほど、深南部で、イスラム教徒が分離独立を求め、政府との間で深刻な武力衝突がたびたび起こっているのです。イスラム教徒はタイの全人口の五%弱ですが、その多くは南部に住み、信者の数も増えているといいます。しかし、武力衝突のことを含め、「イスラムはこのような宗教です」などと、理解を呼びかける記述はありません。もっとも、そのことはこの「仏教」の教科書ではなく、他の社会科の授業でとりあげられている可能性は(未確認ですが)十分にあります。

また、この教科書も細部ではイスラムに関するさりげない配慮をしていることがうかがわれます。たとえば、仏教の歴史を学ぶ第一課には、インドの仏教研究の中心地であったナーランダー僧院が一二世紀に消滅したことを、次のように表現しています。この僧院はいわば当時の大学で、玄奘《げんじょう》(三蔵法師)も学んだと伝えられています。

イスラーム教徒がインドのビハーラ地域やベンガル地域に侵出してきた時代には、インドから逃げてきた僧侶がネパールに移り住むようになった。その際、僧侶達によってもたらされた貴重な経典の多くが、今日までしっかりと保管されている。また(現在のインドに位置する)ナーランダーの僧院が破壊され、インドから仏教が消滅した時には、ネパールの仏教もこれに影響を受けて衰退していった。(p.15)

หม่อมเจ้าหญิงพูนพิศมัย ดิศกุล

1. ประวัติและผลงาน

หม่อมเจ้าหญิงพูนพิศมัย ดิศกุล เป็นพระธิดาสมเด็จพระเจ้าบรมวงศ์เธอ กรมพระยาดำรงราชานุภาพกับหม่อมเฉื่อย ดิศกุล (ท.จ.) ประสูติเมื่อวันที่ 17 กุมภาพันธ์ พ.ศ. 2438

ในวัยเด็ก หม่อมเจ้าหญิงพูนพิศมัย ดิศกุล ได้ทรงศึกษาภาษาไทยชั้นต้นกับคุณหญิงวิทยา ปรีชามาตย์ (อ่อง) และข้าราชการในกรมเลขาธิการบางท่าน และทรงศึกษาภาษาอังกฤษและฝรั่งเศสกับครูสตรีชาวต่างประเทศเจ้าของภาษานั้น ๆ นอกจากจะทรงศึกษาความรู้รอบตัวจากพระบิดาของพระองค์เอง และสมเด็จเจ้าฟ้ากรมพระยานริศรานุวัดติวงศ์แล้ว

หม่อมเจ้าหญิงพูนพิศมัย ดิศกุล

デッィサクン内親王。勉強好きで仏教を篤《あつ》く信仰し、タイの歴史と仏教について多数の本を著したとのこと。写真も模範的な中学生だった頃のものですね。(p.150)

日本の教科書や入門書には、「イスラム教徒がナーランダー僧院を破壊した（そして、それがインドで仏教が衰退する原因となった）」と表記してあるものが多いのですが、この教科書は、誰《だれ》が破壊したのかという主語をはっきり書いていません。イスラム教徒を「仏敵」だと子どもたちに思わせないための、意図的なぼかしである可能性があります。

他の深刻な対立としては、タクシン元首相の支持派と、軍部・現政府との衝突も、二〇〇六年のクーデター以降、タイ社会を揺るがしています。この仏教教科書は、模範的な仏教徒を紹介する章で、プーンピッサマイ・デッィサクン内親王（一八九五〜一九九〇年）をとりあげています（前ページ）。王国ならではの人選、という感じがしますが、政治家・軍人の対立を超えて、王家への敬意によって国民がまとまってくれないだろうか、王族にはこんなにすぐれた仏教徒がいるのだから、という制作者の思いが表れているようです。

日本の仏教のことは？

タイの生徒たちは日本の仏教についてどう教わっているのかも気になります。日本の教科書には、上座部仏教のことはあまり出てきませんが、このタイの仏教教科書には、日本の仏教の歴史について、三ページもの詳しい説明があります。日本人はせっかちなので、はやく悟りが開ける禅宗が盛んだなどと書かれています。タイからはそう見えているのですね！しかし、日本の仏教はおかしい、本来の仏教から外れているといった記述はまったくありません。

仏教エチケットも学ぶ

タイの仏教徒の子どもたちはみな、こういった教科書にもとづき、仏教の授業を小学一年

หนังสือเรียนสาระการเรียนรู้พื้นฐาน พระพุทธศาสนา ม.3 ● 11

พระพุทธรูปไดบัทสึ ประดิษฐานอยู่กลางแจ้งเป็นเวลากว่า 700 ปี ณ เมืองเอโด ประเทศญี่ปุ่น

พระพุทธศาสนาในประเทศญี่ปุ่นในสมัยของพระจักรพรรดิกิมเมจิได้เจริญเป็นอย่างมาก แต่ภายหลังที่พระองค์สิ้นพระชนม์แล้ว พระจักรพรรดิองค์ต่อ ๆ มาก็มิได้ใส่พระทัยในพระพุทธศาสนา ปล่อยให้พระพุทธศาสนาเสื่อมโทรมลง จนถึงสมัยของพระจักรพรรดินีซุยโก ได้ทรงสถาปนาเจ้าชายโชโตกุ เป็นผู้สำเร็จราชการแผ่นดิน เมื่อ พ.ศ. 1135 เจ้าชายพระองค์นี้เองที่ได้ทรงวางรากฐานการปกครองประเทศญี่ปุ่น และสร้างสรรค์วัฒนธรรมพร้อมทั้งทรงเชิดชูพระพุทธศาสนา และในวันที่ 1 กุมภาพันธ์ พ.ศ. 1137 พระองค์ได้ประกาศพระราชโองการเชิดชูพระรัตนตรัย ทำให้พระพุทธศาสนาเจริญรุ่งเรืองอย่างมั่นคงในญี่ปุ่น ประชาชนญี่ปุ่นรวมเป็นอันหนึ่งอันเดียวกัน ข้าราชการทหาร และพลเรือนทั้งปวงต่างแข่งขันกันสร้างวัดในพระพุทธศาสนาและสำนักปฏิบัติธรรมเป็นจำนวนมาก ยุคสมัยนี้ได้ชื่อว่า ยุคโฮโก คือ ยุคที่สัทธรรมไพโรจน์

วัดโฮริวจิ ใกล้เมืองนารา ประเทศญี่ปุ่น เจ้าชายโชโตกุ ทรงสร้างเมื่อ พ.ศ. 1150

เจ้าชายโชโตกุได้ทรงประกาศธรรมนูญ 17 มาตรา ซึ่งเป็นธรรมนูญที่ประกาศหลักสามัคคีธรรมของสังคมด้วยการเคารพเชื่อถือพระรัตนตรัย นอกจากนี้ยังทรงแสดงพระธรรมเทศนาในโชมังเคียวสูตรและโฮเกเกียวสูตร ซึ่งถือเป็นการเริ่มต้นการแสดงเทศนาเกี่ยวกับพระสูตรในประเทศญี่ปุ่น ในสมัยนี้ได้มีการติดต่อทางวัฒนธรรมกับจีนนำเอาตำรา คัมภีร์พระพุทธศาสนา และอรรถกถาต่าง ๆ เข้าสู่ประเทศญี่ปุ่น แม้ตัวเจ้าชายเองก็ได้ทรงแต่งคัมภีร์อรรถกถาของพระองค์เองด้วย

เจ้าชายโชโตกุสิ้นพระชนม์เมื่อ พ.ศ. 1165 บรรดาประชาชนทั้งปวงมีความเศร้าโศกเป็นอันมาก จึงได้ร่วมใจกันสร้างพระพุทธรูปขนาดเท่าองค์เจ้าชายโชโตกุขึ้น 1 องค์ ประดิษฐานไว้เป็นอนุสรณ์ที่วัดโฮริวจิ

หลังจากนั้นมาพระพุทธศาสนาก็ถูกแบ่งออกเป็นหลายนิกาย พระพุทธศาสนาหยุดชะงักความเจริญก้าวหน้ามาตลอด เพราะนโยบายการปกครองประเทศบีบบังคับทางอ้อมจนถึงยุคเมอิจิ

日本の仏教を紹介しているページ。写真は鎌倉の大仏と奈良の法隆寺です。少し残念なのは、鎌倉の大仏は「江戸」に建立されたと書かれていることです。(p.11)

から高校卒業まで受けます。制度上は政教分離といっても、タイの多くの地域は「仏教国」的です。そのようなタイを皆さんが訪問するときは、「仏教エチケット」をわきまえておくと印象が良いでしょう。その説明が、教科書にはタイの子どもたち向けに詳しく載っています。たとえば、寺院で行われる行事に参加するときは、服装に気をつけてほしいと書いてあります。

1．1 男性は、長ズボンをはき、半袖《そで》ないしは長袖のシャツなど礼儀に即した服を着用する。長袖シャツの場合にはボタンを留め、シャツの裾《すそ》をズボンの中に入れ、ベルトを締め、靴下をはき、踵《かかと》の隠れる靴をはく。服の色は派手なものは避け、落ち着いた色にする。

1．2 女性は長ズボンではなくスカートを着用しなくてはならない。スカートの丈は、ひざの位置か、ひざよりも下の長さにし、立ったり座ったりしやすいよう、短い丈は避けるべきである。現代の衣服の場合、胸元の大きく開いたものは避ける。長袖でも半袖でもよいが、袖なしは避ける。靴は踵の隠れるものを履く。伝統的な女性用の筒形スカートの場合には、市販のものなら、派手な色や花柄のものなどは避け、落ち着いた色合いのものがよい。(p.67)

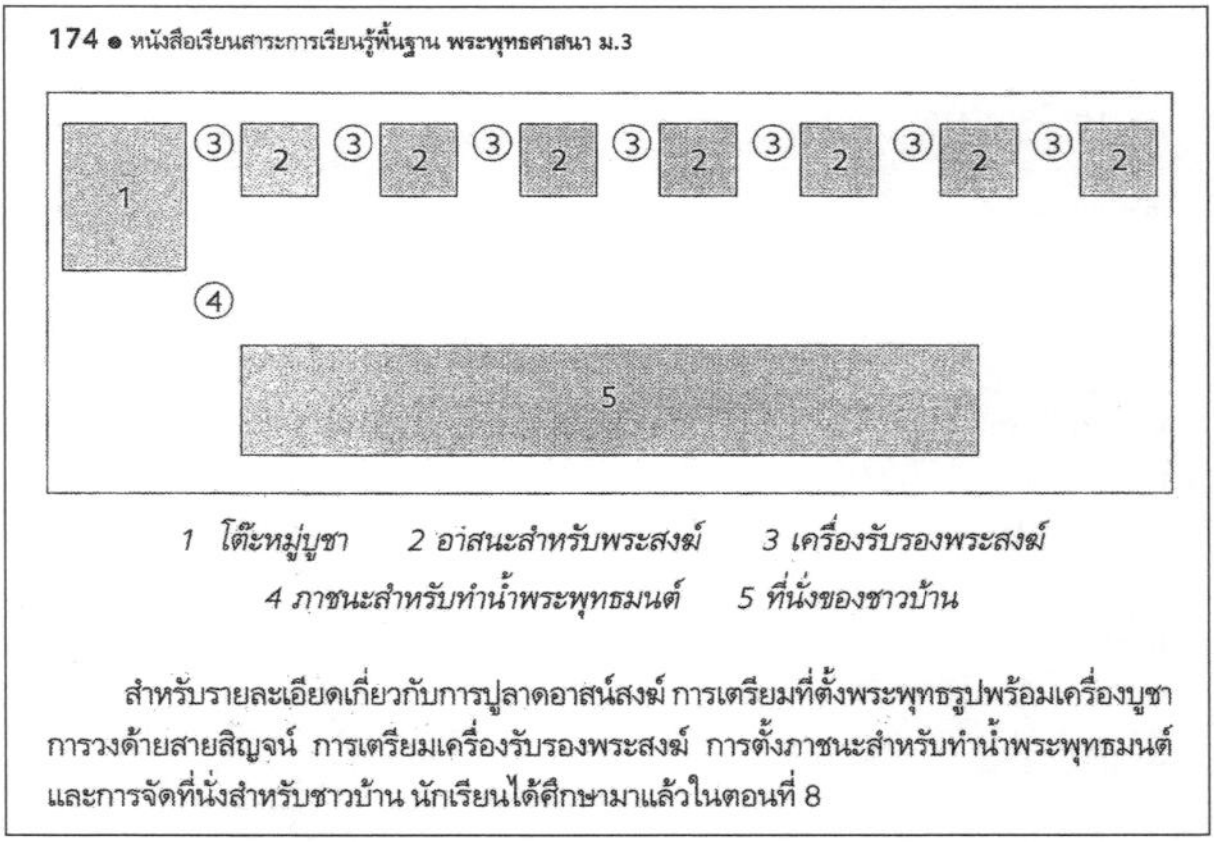

174 ● หนังสือเรียนสาระการเรียนรู้พื้นฐาน พระพุทธศาสนา ม.3

1 โต๊ะหมู่บูชา　2 อาสนะสำหรับพระสงฆ์　3 เครื่องรับรองพระสงฆ์
4 ภาชนะสำหรับทำน้ำพระพุทธมนต์　5 ที่นั่งของชาวบ้าน

สำหรับรายละเอียดเกี่ยวกับการปูลาดอาสน์สงฆ์ การเตรียมที่ตั้งพระพุทธรูปพร้อมเครื่องบูชา การวงด้ายสายสิญจน์ การเตรียมเครื่องรับรองพระสงฆ์ การตั้งภาชนะสำหรับทำน้ำพระพุทธมนต์ และการจัดที่นั่งสำหรับชาวบ้าน นักเรียนได้ศึกษามาแล้วในตอนที่ 8

僧侶を自分の家に招いたときの、座席配置を示した図。1 供養壇、2 僧侶用の敷布、3 僧侶用の用具、4 聖水作製用の道具、5 一般人の座席。ということは、一度に7人ものお坊さんが個人宅を訪れるのですね。(p.174)

仏教にもこんなに細かい決まりがあるのか、と読者の皆さんは驚くかもしれません。学校に通っているうちは、制服で可、とのことですから、面倒はないのですが（ということは、制服のスカート丈は短くないのですね）。

また、僧侶と話をするときの作法もあります。

1．長老僧と話をする際、一般仏教徒は合掌して受け答えをする。ふざけた話や卑猥《ひわい》なことなどは述べてはいけない。個人的なことを申し上げるのも良くない。自慢話や、長老僧以上のご年配の僧侶を非難するよ

การใช้คำพูดกับพระสงฆ์ตามฐานะตำแหน่ง

ฐานะตำแหน่ง	คำสรรพนาม		คำรับ
	แทนตัวท่าน	แทนผู้พูด	
สมเด็จพระสังฆราช	ฝ่าพระบาท หรือฝ่าบาท	เกล้ากระหม่อม หรือ กระหม่อม (ชาย) กระหม่อมฉัน หรือ หม่อมฉัน (หญิง)	พะย่ะค่ะ หรือ กระหม่อม (ชาย) เพคะ (หญิง)
สมเด็จพระราชาคณะ และรองสมเด็จพระราชาคณะ	พระเดชพระคุณ หรือ ใต้เท้า	เกล้ากระผม หรือ เกล้าฯ (ชาย) ดิฉัน (หญิง)	ขอรับ ขอรับกระผม ครับ หรือครับกระผม ผม (ชาย) เจ้าค่ะ (หญิง)
พระราชาคณะ ชั้นสามัญขึ้นไป	พระคุณเจ้า – ท่านเจ้าคุณ หรือท่าน	กระผม หรือ ผม (ชาย) ดิฉัน (หญิง)	ครับ (ชาย) ค่ะ (หญิง)
พระครูสัญญาบัตร พระครูฐานานุกรม	ท่านพระครู หรือท่าน	กระผม หรือ ผม (ชาย) ดิฉัน (หญิง)	ครับ (ชาย) ค่ะ (หญิง)
พระเปรียญ พระภิกษุทั่วไป	พระคุณท่าน ท่านมหา หรือท่าน	กระผม หรือ ผม (ชาย) ดิฉัน (หญิง)	ครับ (ชาย) ค่ะ (หญิง)

僧位に即した言葉遣い

僧位	人称代名詞		返事
	僧侶の呼称	話者の自称	
ソムデット・プラ・サンカラート（僧団王）	ファー・プラ・バート もしくは　ファー・バート	クラーオ・クラモーム もしくは、クラモーム(男性) クラモーム・チャン、 もしくは、モーム・チャン(女性)	パヤカ もしくは、クラモーム(男性) ペーカ(女性)
ソムデット・プラ・ラーチャー・カナ およびローン・ソムデット・プラ・ラーチャー・カナ(僧団王より下位のソムデット位)	プラ・デート・プラ・クン もしくは、タイ・ターオ	クラーオ・クラポム もしくは、クラーオ(男性) ディチャン(女性)	コーラップ コーラップ・クラポム もしくは、クラップ クラップ・クラポム、 あるいは、ポム(男性) チャオカ(女性)
サーマン位以上のプラ・ラーチャー・カナ	プラクン・チャオ タン・チャオ・クン あるいは、タン	クラポム、もしくは、ポム(男性) ディチャン(女性)	クラップ(男性) カ(女性)
プラ・クルー・サンヤーバット およびプラ・クルー・ターナーヌクロム(サーマン位より下位の位)	タン・プラ・クルー もしくは、タン	クラポム、もしくは、ポム(男性) ディチャン(女性)	クラップ(男性) カ(女性)
パーリ語有段僧侶 および一般僧侶	プラ・クン・タン もしくは、タン・マハー あるいは、タン	クラポム、もしくは、ポム(男性) ディチャン(女性)	クラップ(男性) カ(女性)

僧侶に対し使うべき敬語の説明。僧の位によって敬語も細かく変わるのです。(p.175)

うなこともすべきではない。

2．女性が僧侶と話をする場合には、二人だけで会話をするのは律に反するので、避けなくてはならない。その女性が僧侶の親戚《しんせき》であっても、避けるべきである。また会話の場所が部屋の中であろうと外であろうと、人目につかないようにしていようとも、いずれにせよ、女性が僧侶と二人だけで会話をしないようにすべきである。

3．僧侶が儀礼や仕事を終えて寺院にお帰りになる際には、長話をしないようにすべきである。なぜなら僧侶の学習や修行の時間を割いてしまうからである。（p.175）

上座部仏教は、大乗仏教側から、（僧侶が）自分の悟りのことしか考えていないと非難されてきましたが、決して僧侶と一般信者の間が疎遠というわけではありません。むしろ僧侶はしばしば個人宅に招かれ、儀礼を行ったり人生相談に応じたりするようです。そのため、僧侶と適切に接するための特別なマナーも必要になるのです。外国人は守らなくても大目に見てもらえるかもしれませんが、こういったことに配慮できると、タイの文化を尊重してくれる人だなと思われることでしょう。

第7章　インドネシア——ソフト・イスラムとクルアーンの関係

Agama Islam(Yudhistira Bogor)

インドネシアも、人口の九〇%近くをイスラム教徒が占めていますが、イスラムを国教とせず、政教分離制をとっています。タイのように「公認宗教」を定めており、これにはイスラム以外に、プロテスタント、カトリック、ヒンドゥー、仏教、さらに儒教が入っています。

また、パンチャシラ（国家五原則）が国の方針として掲げられていますが、その一番目は「唯一神への信仰」です（他の四つは「公平で文化的な人道主義」「インドネシアの統一」「協議と代議制において英知によって導かれる民主主義」「インドネシア全人民に対する社会正義」）。公認宗教のうち、厳密な意味で唯一神を崇拝しているのは、イスラムとキリスト教だけですが、他の三宗教を排除せず、それらも唯一神信仰の名のもとに包みこもうとしているのです。

インドネシアでも小学一年から高校卒業まで、宗教の授業は公立校でも必修です。イスラム教徒はイスラムの内容の授業、キリスト教徒はキリスト教の内容の授業を別の教室で受けるという「分離型」ですが、タイと同じく、少数派の宗教の場合は人数が集まらないと授業が成立しにくいようです。加えて、マドラサというイスラム学校も一般の学校とは別に存在します。就学前のレベルから大学レベルまで対応しています。東南アジアの代表的なイスラム国、インドネシアのイスラム教科書を見てみましょう。

「開祖の生涯」から始まらない小学一年生用教科書

インドネシアの教育界で定評のある、ユディスティラ社発行の小学一年生用（六～七歳）教科書『イスラーム——教育における善行と人権の宝庫』（*Agama Islam*）の構成は次ページのようになっています。日本の発想と違うなあとうならせる、大きな特徴は、「ムハンマド」の章がないことです。日本ではふつう、キリスト教にせよ仏教にせよ、最初に教えることは、相手が子どもか大人かを問わず、開祖の生涯です。イエスやブッダがどのような生まれで、どのような人生を送り、そのなかでどのような教えを説いたのかを、子ども向けなら物語調で語るというのが定番です。

ところが、このインドネシアの教科書には、それに該当するものがないのです。いえ、ムハンマドの生涯が語られないだけでなく、ムハンマドその人が「登場」しません。「クルアーンはムハンマドに啓示（神のお告げ）として下された」「ムハンマドは最後の使徒であり、神の代理人であると、信者として私は証言する」といった文脈で言及されるだけです。

　これはムハンマドを登場させると、イラストが必要になるが、それは禁じられている「偶像」になるから、ということが理由ではないようです。というのも、二年生用の教科書にはムハンマドの生涯を学ぶ課があるためです。

『イスラーム』小学1年生用もくじ
第1課　開端章と純正章
第2課　潤沢章
第3課　信仰原理
第4課　二つの信仰告白
第5課　褒め称《たた》えられるさまざまな態度1
第6課　褒め称えられるさまざまな態度2
第7課　行儀作法
第8課　イスラームの原則
第9課　清め

　では、〝ムハンマド物語〟が最初に来ないのなら、何が代わりにこの教科書の冒頭を飾っているのでしょうか。第一課のタイトルは「開端章と純正章」ですが、これらはクルアーンの中の章の名前です。一年生がまず学ぶことは、クルアーンの最初の章である開端章、しかも単にその意味を理解すればいいというのではなく、「アラビア語で暗誦《あんしょう》できるようにする」というのが目標なのです。つまり、よきイスラム教徒となるために重要なことは、クルアーンをアラビア語でそらんじることであり、アラビア語はインドネシア人にとって外国語ですから、学習を始めるのは早い方がいい、ということなのです。

純正章は、クルアーンの最後から三番目の章で、これが開端章の次にとりあげられているのは、短いため一年生でも暗記しやすいというのが大きな理由でしょう。

イスラムは、「信仰を頭や心のなかにとどめず、行動で表すことを重視する」とか、そのために「宗教が生活全域において現れている」とよく言われますが、この教科書からはそれが具体的にはどういうことなのかがわかります。クルアーンの読誦《どくしょう》から始まるというのも、イスラムを観念的に理解するのではなく、行動を通して身につけるという方針の一環ですが、これは他の課についてもいえます。

各課には「練習問題」がついているのですが、その内容は、たとえば「クルアーンは全部で何章ありますか」と知識を問うものだけでなく、「(よきイスラム教徒となるには) こういったシチュエーションではあなたはどのような行動をとるべきでしょうか」と、行動をパターン化して学ばせるものが多いのです。たとえば、次のような質問が、ドリル学習的にくり返し出てきます。


マンゴーを盗もうと誘われたときに、私がとる行動は、……。

3
apabila melihat kejadian
seperti gambar di samping
yang saya lakukan adalah ...
4 apabila melihat kejadian
seperti gambar di samping
yang saya lakukan adalah ...
5
apabila melihat kejadian
seperti gambar di samping
yang saya lakukan adalah ...

（*Agama Islam : Untuk Kelas 1*, p.12）


図3のような出来事を見たときに、私がとる行動は、…。

図4のような出来事を見たときに、私がとる行動は、…。

図5のような出来事を見たときに、私がとる行動は、…。

（…に答えが入る。*Agama Islam : Untuk Kelas 1*, p.12)


盗むものがマンゴーというのは、熱帯地域のインドネシアらしいですね。よく民家の庭先にマンゴーの木が生えているのだそうです。図3は学校の教室で、先生が授業をしているのに、子どもたちはおしゃべりをしているというシーンです。図4は誰かが道で転んだというシーンです。図5は試験の最中にカンニングをしているというシーンです（左側の生徒がひざの上に本を載せていますね）。

読者のみなさんは、「これに答えるのにあまりイスラムは関係ないのでは？　「おしゃべりはやめようよ」と声をかけたり、「大丈夫ですか」とかけよったり、というのが正解なのでしょう？」と思うかもしれません。たしかに、信者ではない日本人からみれば、これらはごくふつうの行動で、宗教的ではないでしょう。しかし、こういった日常の行動一つ一つの根拠が、クルアーンやハディース（ムハンマドの言行録）にあるというのがイスラムの考え方なのです。「先生は気づかなくても、アッラーはすべてお見通しなのだから、カンニングをしてはいけないよ」というように、信仰に基づいて考え、いさめるという行動に出るのがよきイスラム教徒なのです。「こういったシチュエーションではこうするのがよい」というルールの集合は、シャリーア（イスラム法）と呼ばれています。

付け加えれば、「空気を読める・読めない」という表現に象徴される日本社会に比べると、インドネシアでは他人が悪いことをしたり、困っていたりしたら、率直に声をかけ、干渉することが奨励されるのだなということが練習問題からうかがわれます。友だちに嫌われるんじゃないか、おせっかいだと思われるんじゃないかと見て見ぬふりをするのではなく、「そ

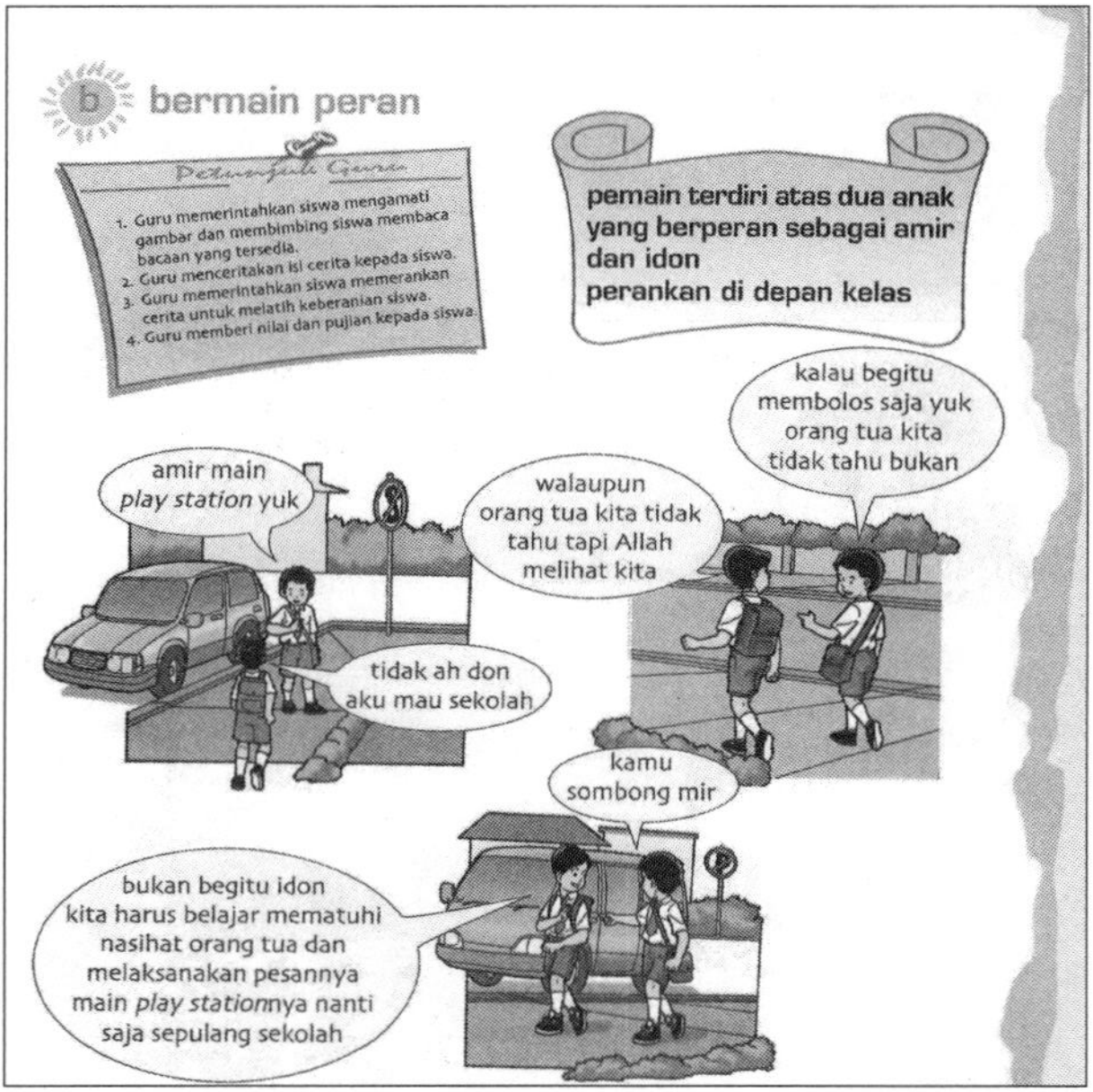

各課に1つずつ、他の生徒と一緒に演じられるこのような寸劇がついています。

イドン：アミル、プレイステーションで遊ぼうよ。
アミル：いやだよ、僕は学校へ行くんだ。
イドン：それじゃあ、学校をサボろうよ。お父さん、お母さんにはわからないよ、そうだろ。
アミル：たとえ、僕たちの親には知られなくても、アッラーは僕らを見ているよ。
イドン：君は、いばっているね。アミル。
アミル：ちがうよ、イドン。ぼくたちは、親の忠告に従って勉強しなければならないし，言われたことを実行しなければならないよ。プレイステーションで遊ぶのは、学校から帰ってからにしよう。(p.43)

れはいけないよ。こうしようよ」とズバズバ言う練習が授業でなされているということです。

他の例をあげれば、トルコの章で、イスラムは清潔を重視すると書かれていると述べましたが、この教科書でも清潔の大切さは大きくとりあげられています。礼拝の前の、水を使った「清め」の儀式だけでなく、食事の前には手を洗うとか、寝る前には歯磨きをするとか、さらにはトイレで用を足すときの注意など、日常生活の細かいところにまで及んでいます。日本であれば保健の授業の対象になるような内容で、これもまた宗教とは関係なさそうに見える部分です。インドネシアは暑いので、清潔に特別に気をつけないと食あたりなどになりやすいという現実的な理由もあるのでしょうが、教科書のなかでは「アッラーは、自己を清い状態に保つ人々を非常に愛されます。そのため、ムスリムの生徒として、あなたは、つねに自分自身を清潔な状態に保たなくてはなりません」という言葉で説明されています。

もちろん、狭義の宗教儀礼・行為である、五行(信仰告白、礼拝、喜捨、断食、巡礼)も説明されています。親がメッカに巡礼に行ってしまったら、その間どうするのか? という現実的な質問が並んでいます。次の引用もその一つです。「ためになる話」というページです。イスラム教徒がラマダーン月に断食をする(日没まで飲食しない)ことは、日本でも知られるようになりましたが、子どもたちはどうしているのか気になりますね。「あるある、こう

Kisah Berhikmah

1. Guru memerintahkan siswa mengamati gambar dan membimbingnya membaca kisah berhikmah.
2. Guru memerintahkan siswa menceritakan kisah berhikmah di depan kelas.
3. Guru memberi pujian dan nilai kepada siswa.

① Pagi dini hari pada bulan Ramadan, kira kira pukul 03.15 keluarga Pak Rudi melakukan ibadah sahur.

② Pagi harinya kira kira pukul tujuh, anak Pak Rudi yang bernama Iwan bermain bola bersama teman-temannya.

③ Selesai bermain bola, Iwan kehausan. Iwan pulang ke rumah. Iwan langsung menuju ke dapur secara sembunyi-sembunyi agar tidak ada yang melihat.

④ Setelah merasa aman, Iwan menuang air di gelas untuk diminum.

⑤

Saat Iwan hendak minum, tiba-tiba ibunya masuk ke dapur.

⑥

124 Pendidikan Agama Islam Kelas 1 SD

①ラマダン月の朝、3時15分頃。 ルディさん一家は、サフールの食事をしています。

②その朝、7時頃、ルディ家のイワンは、友だちとサッカーをしています。

③サッカーのあと、イワンは喉がかわきます。家に帰り、だれにも見られないように、こっそりと台所に直行します。

④イワンは誰にもみられていないと感じ、グラスに水を注ぎます。飲もうとしたら、お母さんが入ってきました。

⑤母…イワン、断食中でしょ？　やっと9時になるところよ。もう飲み物を口にするの？　イワン…ぼく、喉がかわいちゃった、お母さん。

⑥母…断食中はサッカーはやめて、読書したり、クルアーンを読誦するほうがいいわよ！　イワン…はい、お母さん。(p.124)

イスラム教徒のもっとも基本的な務めである「五行（柱）」を学ぶ課の扉。

①アッサラーム・アレイクム（アラビア語のあいさつ。「あなたに平安あれ」）。アニスとニラは、喜捨をするの？

②ワライクム・サラーム（「あなたにも平安あれ」）。そうよ。さあ、一緒にいきましょう！

③注目：アジス、フィルマン、アニス、そしてニラは、喜捨を行おうとしています。 彼らは、イスラームの五行のなかの第三番目を行っているところです。 あなたはどうですか？ あなたは、もうイスラームの原則（ルクン）を行いましたか？（p.115）

いうこと！」とインドネシアの子どもたちが思うらしい物語です。

また、子どもであっても、経済的に困っている人のために喜捨（寄付）をして、信者どうしで助け合うことが奨励されています（前ページ）。

「寛容」から始まる高校三年生用教科書

インドネシアのイスラムは、よく「ソフト・イスラム」と呼ばれてきました。中東圏のイスラムに比べ、信仰や戒律に関してあまり厳しくないという意味です。

ところが、そのインドネシアでも、一九九〇年代から、ジェマ・イスラミアという過激派が徐々に台頭してきました。二〇〇〇年代に外国人観光客が多いバリ島などで数回起こった爆弾テロ事件は、この組織の犯行だと言われています。

そのただ中、二〇〇四年に出版された、同じユディスティラ社の高校三年生用（一七〜一八歳）教科書『イスラーム——人生の灯』（*Agama Islam*）は、こういった状況を考慮し、他者への寛容の重要性を訴える章から始まっています。自分と考えが違う人に対し、気に食わない、いなくなれという態度をとるのはいけないということです。

この教科書の目次は左のとおりです。高三用らしく、遺産相続や男女交際・結婚に関する章が入っていますが、ここでは第1章「寛容についてのクルアーンの章句」の内容をみてみましょう。

この章の扉には、次のメッセージが書かれています。

偉大なるアッラーは、特に人間に関しては、多様性を恵みとした。考え方や意見の違いを含む、人間の多様性は、人間の生活をよりダ

『イスラーム』高校3年生用もくじ

第1章　寛容についてのクルアーンの章句
第2章　労働倫理に関するクルアーンの章句
第3章　終末の日の信仰
第4章　称讃される性質
第5章　遺産相続
第6章　インドネシアにおけるイスラームの発展
第7章　学問と技術に関するクルアーンの章句
第8章　カーダとカダル（神のおきてと天命）の信仰
第9章　非難されるべき性質
第10章　交際の礼儀
第11章　結婚
第12章　世界におけるイスラームの発展

Agama Islam(Yudhistira Bogor)

イナミックにし、より彩りあるものにする。アッラーに栄光あれ。我々がみな同じであったなら、どうなるか想像してみなさい。我々の生活は単調で退屈なものになってしまう。寛容、それは生活を美しくし意味をもつようにするために、さまざまな差異の間に橋渡しをするキーワードである。(*Agama Islam : Lentera Kehidupan Sma Kelas XII,* p.1)

この扉を見たとき私が思い出したのは、トルコで開かれた国際学会での、インドネシア人学者の言葉です。ホテルで開催されたのですが、「トルコ人のホテルマンは僕に対する態度がぞんざいだ。人種差別だね。同じムスリムなのに。イスラムは同胞愛の宗教のはずなのに」と彼は私にこぼしたのです。信者の間でさえ、違いを認め合うのは難しいこと。だからこそ教育が必要なのです。(p.1)

イスラムは、信者が従うべきルールを明確に定めていますので、「人間がみな同じ」になることを理想としているように見えがちです。ところが、この教科書ははっきりと、アッラーは人間が見かけも考えもさまざまであることを肯定していると書いています。他人と違う外見や意見をもつことはよいことで、それは生活を豊かにするのだと述べています。

日本では、とくに若者の間で、意見や服装などを他人に合わせる同調志向が強いといわれます。そのため、学校や大学では、「他の人と違っていいんだよ」と先生がことさらに強調したりします。インドネシアでもイスラムという授業のなかでそういった教育が行われているということです。ただし、日本では「無理に他人に合わせなくてよい」という理由からそう教えるのに対して、インドネシアでは、過激派のテロ事件等を受けて、「自分と異なる意見を許さないという態度はダメだ」という理由から、「人間はいろいろだからこそおもしろい」と説いているのです。

そしてこの教科書は、寛容の精神はクルアーンのどの章にどう書かれているかを丁寧に説明しています。イスラム教徒に、寛容の重視性を納得してもらうには、それが一番なのでしょう。ただし、該当する章の内容を頭で理解するだけでよいとはされていません。小学一年の時と同じく、クルアーンをアラビア語で読誦することが求められています。しかも高三ですから、「流暢《りゅうちょう》に読む」というのが到達目標になっています。

このため、学校の授業といえども、生徒たちは聖なるクルアーンを読む前の特別な準備を授業前に済ませます。教科書にその指示が出ています。

1. クルアーンを用意するとともに、女子生徒はクルドゥン（ベール）で体を覆い、男子生徒はペチ（縁無しのイスラーム帽）を着用すること。
2. できることなら、まず清め（ウドゥ）を済ませること。（p.2）

ウドゥは、水で手、顔、頭、足先を洗う儀式です。浄《きよ》めた上で、寛容の精神を読誦を通して身にしみこませていくのです。

さて、ここでいう「寛容」とは、イスラム教徒内部の多様性の尊重なのか、異教徒の信仰も認めようということなのかは気になるところです。これについても教科書は明記しています。

イスラームの教えは、意見の異なる人に対して敵対心を持ったり、憎んだりするよう人々に求めたことはない。それどころか、人々は、助けを求める人に対しては、たとえその人がイスラームを信仰していなくとも、その人を尊重し、守ることが義務付けられている。イスラームの教えは、常に、平和で、調和の取れた環境で宗教生活を送れるよう努力することや、人種や

民族、宗教、さらに社会的・経済的地位を考えることなく、お互いに協力しあうことを説いている。(p.3)

難しいのは、イスラムを真剣に信仰するならば、それを他人にも伝えたい、信者を増やしたいという気持ちも当然出てくることです。この教科書は、その問題はもう、ディスカッションの課題として、生徒に自ら考えてもらおうというスタンスです。

ファラスとアウディは、イスラーム以外の人達にイスラームを説く(伝道する)ための良い方法について議論をしているところです。ファラスは、イスラームを毅然《きぜん》と力強く広めていかなければならず、必要な時には戦いも辞すべきでないと確信しています。他方で、アウディは、イスラームは平和な宗教であり、強硬にその教えを勧める必要はないと考えています。ましてや、血を流すような戦いなんてもっての外であるという意見です。彼ら二人とも、自分の意見を主張して譲りません。では、上記の二つの意見が歩み寄れる点を見いだせるように、あなたの意見とその理由を述べましょう。(p.10)

現実にもこれら二種類の考えの人たちがいるのでしょう。しかし、この意見の違いのために、インドネシアのイスラム教徒が分裂するのは避けたいと、教科書作成者たちは考え、このような課題を作成したのでしょう。インドネシアの学校で、この課題に対して実際にどのような意見が出てきているのか、知りたいものです。

第8章　フィリピン――宗教のサラダボウルはどうできたのか？

フィリピン（フィリピン共和国）は人口の九〇％以上がキリスト教徒です。その大部分（紹介する教科書によれば総人口の八二・九％）がカトリックなのは、フィリピンが一六世紀から一九世紀末までスペインの支配を受けたとき、スペイン人宣教師が布教したことに由来しています。プロテスタントは五・四％、イスラム四・六％、他にフィリピン独自のキリスト教であるアグリパイ派二・六％、同じくイグレシア・ニ・クリスト教会二・三％です。これらの他に、古くからの土着の宗教が、少数民族の間で現在も信仰されています。

国民の大多数がクリスチャンという国は、アジアには他に東ティモールしかなく、その意味では「キリスト教国家」ですが、制度上は政教分離制をとっており、カトリックを国教としているわけではありません。信教の自由も認められています。しかし、一九七〇年代から、南部のミンダナオ島で、イスラム教徒（モロ人）が分離独立運動を展開し、フィリピン政府

Makabayan (Proact Rex)

との間でたびたび武力衝突が起きました。彼らがイスラム教徒なのは、一六世紀にスペイン人が征服を始める前に、アラブ人がイスラムをもたらしていたためです。第二次世界大戦後にフィリピンは（スペインの次に征服者となった）アメリカから独立しますが、それは少数派のモロ人にしてみれば、支配者がアメリカ人からキリスト教徒のフィリピン人にさらに代わったようなものでした。そこで、自分たちは自分たちでやっていきたいという思いが高まったのです。

フィリピンの国土面積は総計では日本の約〇・八倍ですが、七〇〇〇以上の島に分かれており、（教科書によれば）八七の言語が話されています。方言ではなく、異なる言語として認識されているほどの多様な言葉が、その広さのなかに存在しているのです。それに加えてミンダナオ紛争のような宗教対立もあるため、フィリピンの学校教育の大きな課題は、多様な人々を一つの国民としてまとめることにあります。それは教科書にもはっきり表れています。宗教科はないため、日本の社会科に近い教科の教科書をとりあげますが、これは二〇〇二年から始まった新科目で、「愛国心（マカバヤン）」という名称です。

カトリック以外への目配り

「マカバヤン」は小学一年から六年（六〜一一歳）まで教えられています。よく使われている出版社の教科書『マカバヤン』（*Makabayan*）を調べると、学年を問わず強調されているのは、「フィリピンはカトリックだけではない」ということです。キリスト教以外の少数派宗教にも、また、キリスト教内部の多様性にも気を配っています。同時に多様性が「バラバラ」を意味しないように、異なる宗教の間にも共通性があること、あるいはフィリピン人としての共通性があることも示しています。インドネシアもそうですが、「多様性と統一」の両立を目指しているのです。

そのことを表すのは、一年生の教科書の章扉に載っている、次の歌です。

神のおかげで／一人の神／一つの共同体／一つの国／一つの民族／あなたを敬います

(*Makabayan1*, p.330)

カトリックもプロテスタントも、イスラム教徒もいるけれども、みな同じ一人の神を崇拝し

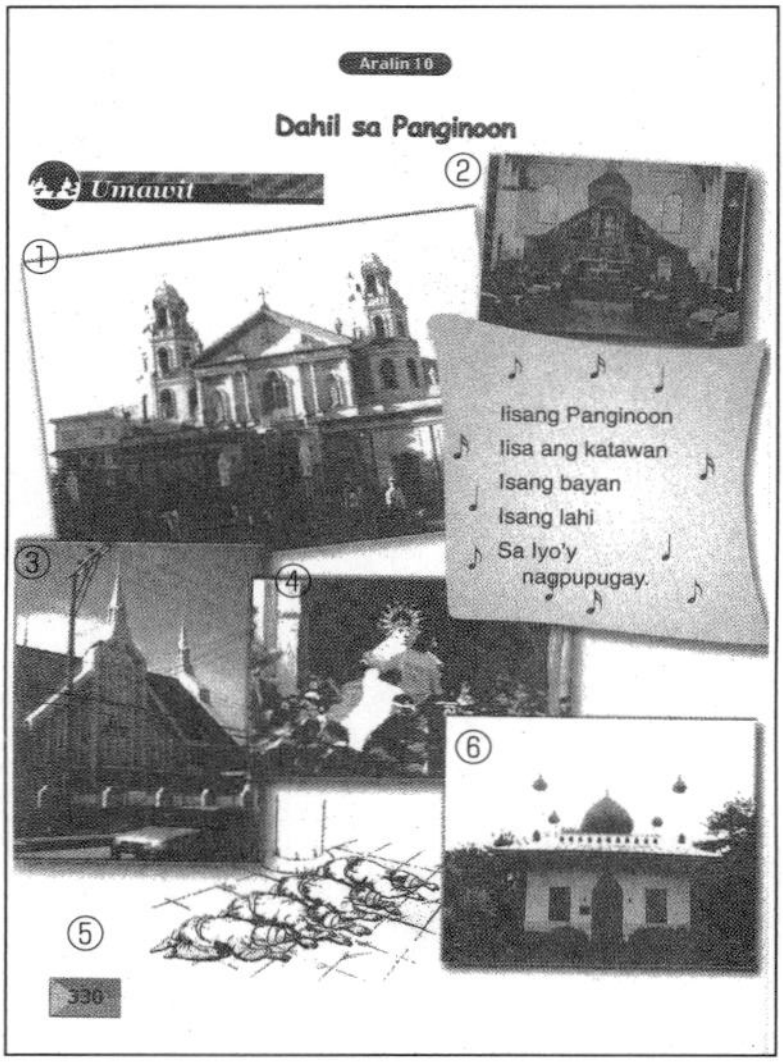

①カトリック教会
②カトリックの礼拝風景
③プロテスタント教会
④プロテスタントの礼拝風景
⑤イスラムの礼拝風景
⑥モスク（*Makabayan 1* p.330）

ているのだし、しかもその神のおかげでフィリピンの国は一つにまとまっているのだという意味です。多神教の少数民族はどうなるのか、無宗教の人はフィリピンにいないのかと少し気になりますが、この歌詞のまわりには六つの写真やイラストが配されています。それらはカトリックやプロテスタントの教会、イスラムのモスク、そしてそれぞれの礼拝風景です。一年生のうちから、キリスト教にもいくつもの教派があること、イスラム教徒も国内に存在することをしっかりと教えています。

二年生用の教科書には、キリスト教の具体的な教派名がいくつも並ぶ箇所があります。

私たちフィリピン人には、さまざまな宗教があります。多くの人はカトリックです。イスラムを信仰しているフィリピン人もいます。彼らはムスリムと呼ばれています。アラーは彼らの神の名前です。クルアーンは彼らの信仰の基になる本です。金曜日と日曜日は、モスクと呼ばれる場所で祈る日です。

イグレシア・ニ・クリストなど、他の宗教を信仰している人もいます。木曜日と日曜日が、お祈りの日です。牧師や司教が導きます。

サバディスタ［訳注：セブンスディ・アドベンティスト］は土曜日に祈ります。彼らはこの祈りの日には、仕事をしません。

プロテスタントにはいろいろな教派があります。彼らは日曜日に祈ります。牧師が導きます。

フィリピンには、その他にもいろいろな宗教があります。エホバの証人、ボーンアゲイン・クリスチャン、モルモン教などはその一部です。（*Makabayan 2*, p.166–168）

イグレシア・ニ・クリスト、セブンスディ・アドベンティストとエホバの証人とモルモン教（末日聖徒イエスキリスト教会）は、一九世紀半ば～二〇世紀初頭に教団を形成した、新宗教団体です（イグレシアはフィリピンで、アドベンティストとエホバの証人とモルモン教はアメリ

Tuklasin

> Bakit mahalaga ang mga pagdiriwang na panrelihiyon?

May mahalagang araw tayong ipinagdiriwang batay sa ating mga paniniwala at relihiyon. Ang mga pagdiriwang natin ay nakatutulong upang tayo ay higit na magkabuklud-buklod. Sa araw ng pagdiriwang, tayo ay nagsasama-sama at nagtutulungan. Dahil sa iba't iba ang ating mga relihiyon, iba't iba ang araw na ito.

Ang Ramadan

「宗教行事」を学ぶ章の冒頭部分。宗教によって行事が異なること、しかし行事を行うことによって人々が一つになることを行事の意味として示しています。最初に取り上げられるのは、クリスマスではなくイスラムのラマダーンの断食です。

教科書の説明**「なぜ宗教行事が大切なのですか？」**

「私たちは、信仰や宗教に基づいて大切とされる日を祝います。宗教行事は私たちを一つにするために役に立ちます。行事の日には、私たちは集まってお互いに助け合います。私たちの宗教は違いますから、行事の日は違います。」(p.175)

カで生まれた教団で、いずれもプロテスタントから派生しています）。ボーンアゲイン・クリスチャンとは、本書冒頭で「福音派」と呼んだ、二〇世紀後半の「宗教回帰」を代表する、保守的なプロテスタントの人たちです。やはりアメリカから入ってきたものです。新宗教にせよ、福音派にせよ、信者の人たちは自分たちを「キリスト教徒」とみなしていますが、この教科書は、これらをカトリックともプロテスタントとも別の宗教としていますね。とはいえ、ドイツの教科書のように、こういった教団を「セクト（カルト）」として分類し、注意を促すのではなく、「みな仲間だ」と述べています。この引用のすぐ後はこう続いています。

宗教は違っても、神への私たちの信頼は強いものです。私たちは神によって創られたと信じています。私たちは神によって見守られ、祝福されています。

宗教は違っても、神に愛されていると信じることによって、私たちは一つになります。神への愛によっても、結ばれています。（p.168）

さらには、カトリックも、地域によって独特な祭りがあることも触れられています。

アティアティハン

アティアティハンのお祝いはアクラン地方、カリボ市で行われます。この地方の人々は、三日間、街で歌い、踊ります。顔と体中に炭を塗り、色鮮やかな衣装を身に着けます。踊って、「ヴィバ、ヴィバ！」と叫びながら、サント・ニーニョ（幼児のキリスト像）の像を掲げます。この祭りは、通常一月に行われます。（p.179）

このように、国内の宗教がヴァラエティ豊かなのは、偶然ではなく、古来、フィリピン諸島には東西から次々と交易商人が渡来し、さらにスペイン、アメリカという欧米の大国の植民地になったことによるという複雑な歴史の流れを、低学年のうちから教えています。

カリボ市のアティアティハン祭。カトリックの祭りですが、先住民族の文化を尊重するために、その衣装の子どもたちが登場します。教科書も、少数民族について、「マノボ族やティンギャン族やコルディリエラの山岳少数民族はいまでも妖精《ようせい》のための儀礼を行っています。バナハウ山に住むある人々は、かれらの山は神聖で神力があると信じています」(*Makabayan 5*, p.92) と積極的にとりあげています。(PANA 通信社提供)

フィリピン文化は、7 種類の外国人がもたらした 7 種類の文化を、もとからあった伝統文化に融合させることで誕生したことを示す図。日本についても似た図をかけそうですが、フィリピンの場合、これらは単に「外来文化」であるだけでなく、フィリピンを政治的に支配した人々（スペイン、アメリカ、日本）の文化でもあるのです。
花びらに書かれているのは、右上から時計回りに、アラブ、スペイン、アメリカ、日本、中国、ヒンドゥー・インド、バンジャール。バンジャール族とはボルネオ島（現インドネシアの一部）から来た人たちと、この教科書では説明されています。
花の中央の言葉は「伝統的な文化」。その下の矢印の下の言葉は「フィリピン文化」。(*Makabayan 4*, p.459)

植民地の歴史と宗教

植民地時代というのは、フィリピン人にとって負の歴史と言いうるものですが、この教科書は、スペイン人がカトリックをもたらしたことについて、正・負両面から語っています。

キリスト教のフィリピン人への影響は多大なものがあります。スペイン人は、それ以前は多神教徒だったフィリピン人を一神教徒にしました。人々は洗礼を受け、名前を変え、礼拝所で結婚し、離婚を禁止して家族の団結を強くしました。毎日、午後六時に祈りをささげるようになりました。

フィリピン人の習慣も変わりました。例えば、フィエスタ（宗教的な祭り）やサンタクルーサン（聖十字架の祭り）、フローレス・デ・マーヨ（五月の花祭り）のお祝いと、セナクロ、モロモロやサルスエラなどの宗教劇によって、娯楽を好むようになりました。

フィリピン人が、スペイン人のカトリック信仰色の強い儀礼に惹《ひ》きつけられたのは、それらの儀礼が、フィリピン人の元来の信仰に似ていたからです。人々は、死んだ人の魂とバトハラという神を信じていました。

［しかし、］キリスト教の布教には、障害がありました。キリスト教を拒否した人の中に、スペイン人の指導者を承認しなかったラプラプ［イスラム教徒の部族長］がいます。フィリピン人に、そもそもバトハラへの信仰があったのも障害でした。すでに自分達の政府と宗教があったイスラム教徒達は、決してスペイン人に征服されませんでした。山岳民族もスペイン人と戦い、征服されませんでした。（*Makabayan 5*, p.192-193）

現在も人口の八割がカトリックの国とはいえ、征服当初からスペイン人のカトリックに抵抗を示したフィリピン人がいたことが、はっきり書かれています。

カトリックになった上で、スペイン人に宗教上対抗したフィリピン人たちもいます。アグリパイというフィリピン独特のキリスト教の一派は、植民地時代に、スペイン人の司祭にしたがうのではなく、自分たちのなかから司祭を出し、自分たちで教会を運営しようという独立心から生まれたものです。教科書にこう説明されています。

アグリパイ派は、アメリカ占領時代に確立した宗教です。この宗教が始まったのはスペインへの革命の時でした。

Padre Gregorio Aglipay

ang pagtatatag ng Silliman University sa Lungsod ng Dumaguete, Negros Oriental. Ang mga itinayong ospital ay ang St. Luke's Hospital at Mary Chiles Hospital sa Maynila, Bethel Hospital sa La Union at Mission Hospital sa Iloilo. Nakitulong din sa gawain ang mga samahan para sa kagalingang panlipunan.

Ang Relihyong Aglipayano

Nabigyan ng kalayaan ang mga Pilipino sa pagsama sa iba't ibang relihyon. Naging bukas ang mga Americano sa pagtatag ng iba't ibang relihyon.

Isa sa mga relihyong tuluyang naitatag noong panahon ng Americano ay ang Aglipayano. Ang pagkatatag ng relihyong ito ay nagsimula noon pang panahon ng himagsikan laban sa mga Español.

Kahit naghimagsik ang mga Pilipino noon sa mga Español ay nanatili silang Katoliko. Noong kasalukuyang paghihimagsik ng mga Pilipino laban sa mga Español, marami silang nabihag na mga prayleng Español. Iminungkahi ni Apolinario Mabini, ang tagapayo ni Aguinaldo, na itatag ang pansamantalang pamahalaan ng Simbahang Pilipino na makikiisa sa pamahalaang Pilipino. Ito ay dahil magulo ang kalagayan ng bayan at napabayaan ng mga paring Español ang kanilang tungkulin sa mga parokya.

グレゴリオ・アグリパイ神父（p.298）

フィリピン人はスペインに反抗しましたが、カトリック信者のままでした。反スペイン革命が起った時、多くのスペイン人の司祭が投獄されました。アギナルドの助言者だったアポリナリオ・マビニは、フィリピン政府と協調するフィリピン教会の組織を暫定的につくるように勧めました。スペイン人の司祭は教区の管理をよく執り行っていなかったため、国内の状況が荒れていたからです。

　グレゴリオ・アグリパイ神父はフィリピン人の修道会を始めました。この集いは一九〇二年一〇月二三日にタルラック州のパニキ町で行われました。この修道会の目的は、宗教的な争いを回避し、フ

フィリピンのカトリックにはまた、独特の習慣もあります。写真は、クリスマスに自宅に飾るパロルという星型の灯籠《とうろう》です。2年生用教科書には、「これはイエスが生まれた時に現れた大きな星の象徴です」(p.177)と説明されています。(PANA通信社提供)

ィリピンのカトリック教会をフィリピンのものにするということでした。ローマ教皇がこの修道会を認めなかったため、ローマ教会から独立したフィリピン教会を設立しました。グレゴリオ・アグリパイ神父は最高位の大司教に選ばれ、新しい教会はイグレシア・フィリピナ・インディペンデンテ(フィリピン独立教会)と呼ばれました。フィリピン独立教会、又はアグリパイ教会を設立したことは、フィリピン人の司祭たちが愛国的だったことを示しています。(p.298)

現在も、ローマ教会はこの派をカトリックとして認めていません。

フィリピン人らしさへのこだわり

この教科書でまた、学年を越えてくり返し語られるのは、「フィリピン人はこういった特徴をもっている」という国民性論です。「日本人は集団主義でおとなしい」等という日本人論と似たようなものがフィリピンにもあり、それが教育されているのです。これも宗教や民族は違っても、「みな仲間だ」と子どもたちに納得してもらうためです。

一年生の教科書で、そのような国民性として第一に挙げられているのは、信心深さです。

神への信頼

神への信頼は、私たちフィリピン人の特長の一つです。主である神に愛されているということを、私たちは信じています。神が私たちを創造しました。私たちの命は神からの恵みです。

(*Makabayan 1*, p.280)

その他には、「家族を大切にすること」、「助け合うこと」、「敬うこと」、「訪ねてきた人を歓迎すること」、「音楽が好きなこと」がフィリピン人らしさだとされています。

三年生の教科書では、これらに「創造的で、工夫に富むこと」、「快活であること」が付け加わり、さらにフィリピン人の短所も挙げられています。その一つは「ニガス・コゴン」という特徴で、意味は「すぐあきらめてしまうこと」だそうです。

コゴンは草で、乾いているときはすぐ火がついて燃え、また、すぐに燃え尽きてしまいます。フィリピン人もこれと同じだという人がいます。課題や計画にあたっては、初めは、やる気があり勤勉です。しかし日が経ち、また問題が起きたり難しくなったりすると、やる気がなくなって勤勉でなくなってしまいます。(*Makabayan* 3, p.238)

さらには「なるようになるさ」という、楽天的だが無責任にもなる性格、「内気であること」、「明日でいいさ」と、今日できることを延ばし延ばしにすること、そして「カニ根性」(カニのように足をひっぱりあう＝ねたみやすいこと)も弱点だと書かれています。「植民地根性」も弱点の一つ。「アメリカや外国製の物を好むこと」「フィリピン人同胞よりも、アメリカ人や外国人の方が上手《うわて》で頭もよく、善人だと信じていること」と説明されています。

みなさんはこれらの特徴についてどう思いましたか？　「自分にもあてはまるかも」と思

ったものはありますか？　「家族を大切にすること」、「助け合うこと」、「敬うこと」、「訪ねてきた人を歓迎すること」などは、フィリピンの人たち独特のものといえるでしょうか。「音楽が好き」についても、皆さんのなかで音楽が嫌いな人はどのくらいいるでしょうか。このくらいの大ざっぱな描写だと、誰《だれ》にでもあてはまってしまいそうです。言いかえれば、これらの特徴は、フィリピンの人たちを他国民と広く比較して発見されたものというよりも、「これからのフィリピンを担う若者は、こうあってほしい」という教育する側の願望が反映されたものなのかもしれません。それでは、よく言われる「日本人らしさ」は客観的にみてどうなのかも、考えてみませんか。

第9章 韓国――3分の1がクリスチャン。そのライバルは？

高等学校 宗教（カトリック文化院）

最後に、東アジアの隣国、韓国に注目します。二〇〇五年の統計では、自分の宗教を仏教とした人は総人口の二二・八％、プロテスタントは一八・三％、カトリックは一〇・九％、無宗教は四六・五％でした。円仏教という、二〇世紀初頭に韓国で生まれた仏教系の新宗教は仏教とは別にカウントされており、〇・三％、そして、儒教と答えた人は〇・二％でした。日本のキリスト教徒は、プロテスタントとカトリックを合わせても人口の一～二％ですが、韓国では三人に一人がクリスチャンということになります。数字の上の違いだけではなく、韓国は日本に比べると、宗教上のアイデンティティ意識が強い人が多いようです。「なんとなく〇〇教徒」という漠然とした意識ではなく、自覚をもって特定宗教に所属しているということです。このため、社会のなかで宗教団体が活躍することも多い一方、宗教間で摩擦が生じることもあると聞きます。

憲法上は、韓国も政教分離制をとります。したがって、もともとは日本と同様、宗教系の私立校と無宗教の公立校があり、宗教系ではその学校の宗教の信仰を育む教育が行われていました。それが変化するきっかけは、一九七四年からの学校「平準化」政策です。これは受験戦争を和らげるため、個別の高校入試をやめ、子どもたちを自動的に地域の高校にふりわけるというシステムです。ふりわけの基準には成績は関係しますが、信仰は考慮されないため、熱心なキリスト教徒の生徒が仏教の高校に入ったり、無宗教の生徒が宗教教育に熱心な高校に入ったりという事態が発生しました。信仰の自由という面では問題がもちあがってしまったのです。

このため、宗教の授業も「平準化」して、生徒が何教の信者であろうと、無宗教であろうと、対応できるようにする必要が生じました。その学校の宗教だけでなく、世界の諸宗教についても教えたり、宗教色の強くない哲学的内容を増やしたりといったことです。実際には、そのような形に授業の内容を改めていくには時間がかかりました。とりあえずは、一九八二年から、宗教系の学校でも宗教の授業を選択科目とし、信仰の異なる生徒は受けなくてもよいという措置がとられました（同時に、多様な宗教や無宗教に対応した、中立的な内容であれば、公立校でも「宗教」という選択の授業を設けてよいとなったのですが、実際に開講した学校はないそうです）。また、宗教の授業そのものを廃止する宗教系の学校もありました。

そのような中、「宗教」の授業内容を新しい時代・状況にかなったものにしようという試みが進展し、二〇〇〇年に入ってからはその成果といえる、新しい教科書が出版されました。プロテスタントの学校グループ、カトリックの学校グループ、仏教の学校グループそれぞれで、教科書を大幅に改訂したのです。

ここではそのうち、もっとも変化の度合いが大きい、カトリック系で使われている教科書をとりあげます。先ほど見たように、カトリックはプロテスタントより信者の総数は少ないのですが、一九九五年から一〇年の間に倍近く（一・七五倍）増えたのです（その間、プロテスタントは微減）。その原因ははっきりしていませんが、教科書からは、従来の間口を広げて、多様な子どもたちに受け入れられるものを作ろうという制作者の意図がうかがわれました。

イエスより先に登場するのは

その教科書、『宗教』（高校生用・一五〜一七歳）の構成は表（一六三ページ）のようになっています。カトリック教育財団協議会が制作したにもかかわらず、神やイエスへの信仰が正面からとりあげられるのは最後の第6章です。前半は特定宗教・無宗教に限定されない倫理や哲学の内容で、その後に諸宗教の概説があり、第4章から聖書の引用が目立つようになるというつくりです。

第1章は、「自分を確立しよう」というテーマで、最初に出てくる有名人は、二〇代でIT企業「ヤフー」を立ち上げたジェリー・ヤンです。台湾生まれで、幼少時にアメリカに移住し、インターネットビジネスの先鞭《せんべん》をつけた人物です。韓国にも、アメリカに留学し成功を収めたいという夢をもつ高校生は多いようで、ヤンの経歴は憧れの対象なのでしょう。

ただし、この教科書がヤンをとりあげているのは、子どもたちに社会的成功を促すためではありません。主題は若者とインターネットの適切な関係にあります。ネットゲームにはまり、ネット上の自分と現実の自分のギャップが広がるあまりに失恋してしまったという男子高校生のエピソードを出し、彼とヤンを読者に比較させています。ネット上の架空の自分に現実の自分を乗っ取られてしまった彼と、ゲームとともに育ちながらも、現実社会でアジア人差別を克服し、自己を確立したヤンの違いを考えさせています。

こういった、高校生にとって身近な問題を、宗教色抜きにとりあげ、自ら考えてもらうという姿勢から入っているところが、万人向けを意識したこの教科書の工夫の一つです。もっとも厳密には、カトリック色ゼロというわけではありません。「インターネットと私」の次

『宗教』　高校生用もくじ

第1章 自分探し
1. インターネットと私
2. 性と私
3. 薬物中毒と私
4. 外見が人生の成功と幸福を左右するのか?

第2章 人間の道
1. 私とあなたそして我々
2. 人間とは何か
3. 死に直面する人間
4. 神は存在するのか?

第3章 となりの諸宗教
1. 仏教
2. 儒教
3. キリスト教
4. イスラーム
5. 韓国宗教

第4章 我々を愛する方は?
1. 私がもし審判官だったら?
2. 本当の先生
3. お父さん、私のお父さん
4. 誰《だれ》が石を手に取るのか?
5. 聖者になった収税人

第5章 我々の選択
1. 妊娠中絶、そして女性の自由と権利
2. 安楽死
3. クローン人間
4. 共通善
5. 正しい環境

第6章 幸福を探して
1. 燃える柴(聖なる父)
2. 僕《しもべ》になった王様(聖なる子)
3. 歴史を導く道しるべ(聖霊)
4. 見えない方、見えない愛(秘蹟《ひせき》)
5. 空《から》になれば埋めてくれる方

の節、「性と私」では性的自己同一性障害が取り上げられているのですが、性転換者や同性愛者は治療の対象であるとやんわりと述べています。これはカトリック（ローマ教皇庁の正式見解）が同性愛を否定する立場をとり続けているためです。それでも、第2章では「人間とは何か」「死んだらどうなるのか」といった問題に対して、東西の哲学者・宗教家たちの見解を、できる限り公平にとりあげています。「神は存在するのか？」の節では、存在を否定する説、肯定する説の両方を並べています。

第3章も、韓国の歴史上古くから影響のある仏教や儒教を先に、キリスト教を後にという順番です。なぜ韓国ではキリスト教が大きく受け入れられたのかについては、この教科書はこう説明しています。

当時［一八世紀後半］の朝鮮は鎖国政策を敷いており、朝鮮に伝来したカトリック教会は草創期から激しく迫害され弾圧された。しかし迫害の中でも「万民平等」思想や「人間の尊厳性」を強調し、朝鮮社会の身分制度を克服するため大きく貢献し、「男女平等」の精神で女性を前近代的な圧迫から解放するのに大きな力となった。また捨て子を保護し、子供にも高貴な人格が備わっていることを教え、韓国語を教会の公用語に定め、民族の自尊心を育てた。そして閉鎖的だった韓国の伝統社会を、解放された社会に導く役割を率先して担った。また教派や男女、貧富で差別せず、全国民を対象に社会事業や教育事業を展開した。（『高等学校　宗教』p.60）

カトリックの良いところしか書いていないのではと気になる人もいるかもしれませんが、他の宗教についても基本的にはポジティブに、韓国の社会・文化に対する歴史的貢献を中心に紹介しています。仏教の箇所はこうなっています。


また新羅《しらぎ》は三国を統一させた後に高句麗《こうくり》と百済《くだら》の仏教の優れた点を受け入れ、民族仏教として成長させ、華やかな仏教文化を花咲かせた。

高麗《こうらい》の太祖王建は仏教の精神をもとに国を治め、仏教の力によって国を運営するよう後代に遺言を残した。高麗では仏教を国教に定め、世界文化遺産である八万大蔵経《はちまんだいぞうきょう》を刊行した。

しかし高麗末になると、人々は仏教の精神に反する生活をするなど退廃が目立った。さらに朝鮮王朝は仏教を抑圧し、儒教を優遇する政策を取った。そのため朝鮮時代に仏教は大きく衰退した。……激しい弾圧を避けて山奥に隠れるようになっていった。しかし壬辰倭乱《じんしんわらん》（秀吉の侵略――訳者注）が起こるや僧侶《そうりょ》達は僧兵を組織し、日本兵から国を守るために率先して戦った。
（p.52）

また、韓国には人口の〇・一％ほどのイスラム教徒もいるのですが、なぜ韓国人がムスリムになったのかという経緯も書かれています。

わが国がイスラーム教と接触したのは高麗以前にさかのぼるが、実際にイスラーム共同体が韓国社会に見られるようになったのは韓国戦争［朝鮮戦争］以降のことである。戦争に参加したトルコ軍のムスリムが一九五五年に韓国人と接触してその基盤を作り、その後韓国の建設会社が中東に派遣した際に、アラブの現地でムスリムになった人が増え、共同体が形成された。
（p.64）

続いて「韓国宗教」という名称でまとめられているのは、韓国生まれの諸宗教です。一つは土着の多神教。ムーダンと呼ばれる巫女《みこ》が霊と交流する信仰も古代から現在まで続いていると書かれています。もう一つは先にふれた円仏教を含む、一九世紀以降に創立された新宗教の諸教団です（ただし韓国発の新宗教でも、日本等で社会問題化した統一教会のことはまったく触れられていません）。

他方、ユダヤ教やヒンドゥー教などは出てこないのですが、それらは他の社会科科目でとりあげられています。この教科書は「となりの諸宗教」という章題が示すように、韓国国内で出会いやすい諸宗教に関して知識をもち、理解を示すことに特化されているのです。

韓国の伝統である「儒教」との関係

このように、「となりの諸宗教」の章では、他宗教への非難は皆無ですが、カトリックの韓国社会への貢献としては、引用したように身分差別と女性差別を批判したことが挙げられていました。韓国の身分・女性差別のシステム（専門語では「家父長制」）は、一般には儒教によって正当化されてきたと考えられています。韓国は日本以上に儒教の影響が強く、現在は自覚的な信者は少ないものの、儒教の伝統は社会に広く存在しています。この教科書は、「儒教はよくない」と名指しで儒教を批判することはないのですが、身分・女性差別は悪であること、キリスト教はそれに立ち向かう教えであることをくり返し述べています。欧米では、カトリックこそが身分・女性差別の宗教だと言われてきましたので（現在でも女性の神父を認めないところなどはその象徴です）、これは興味深い特徴です。同じ宗教でも、社会の状況によって全く異なる効果を生じうるのだということがわかります。

そのような家父長制批判の姿勢が明確な箇所をいくつか挙げます。まず第1章の「外見が人生の成功と幸福を左右するのか？」という節。これは美容整形やダイエットの問題を問う内容です。それらは女性を見かけで差別する風潮から来るものだときびしく指摘しています。

ダイエットイベントで話題になった芸能人や、整形手術で波紋を呼んだミスコリアの背後に隠れている問題性とは果たして何なのか。ここには韓国社会の二つの構造的問題が潜んでいる。一つは女性を手なずけ、統制しようという家父長制構造であり、もう一つは女性の体を利用して金儲けをしようとする資本主義の構造だ。

この二つの構造は互いに密接に絡み合いながら、現代を特徴付ける女性の体を作り出している。男性が女性を支配するこの社会で、女性の体は女性自身のものというより男性の所有物や性商品として扱われている。純潔や貞操という名のもとに、女性の性的決定権は男性によって統制され、美しさやセクシーさという名目で女性の体は与えられた規準に合わせて作られていく。（p.26）

(1) 바꿔 바꿔 - 지금 내 얼굴은 싫어

1. 나는 내 얼굴에 대하여, 또 신체(몸매)에 대하여 어떻게 생각하는가? 그렇게 생각하는 이유는 무엇인가?
2. 나의 모습 중 만족스럽지 못한 부분과 마음에 드는 부분은 어디인가?
3. 내가 나를 평가하는 잣대는 무엇이며, 그런 잣대를 갖게 된 이유는 무엇인가?
4. 많은 사람들이 다이어트와 성형 수술을 한다. 누구에게 보여 주기 위한 것이라고 생각하는가? 또 왜 그러한 현상이 생긴다고 보는가?

外見が人生の成功と幸福を左右するのか？
（1）変えて変えて――今の私の顔が嫌い
1. 私は自分の顔についてまたは体についてどう思っているか。そう考えている理由は何か。
2. 自分の外見の中で気に入っている部分と気に入らない部分はどこか。
3. 私が自分を評価する時のものさしは何か。またそのようなものさしで測るようになった理由は何か。
4. 多くの人はダイエットや整形手術をしている。誰にみせるためにそうしているのか。またなぜそのような現象が起こると思うか。（『高等学校宗教』p.22）

続いて、第4章の「誰が石を手に取るのか?」の節。これは、聖書にある、姦淫《かんいん》(不倫)をした女性に関するエピソード(ヨハネ福音書八章)を中心とした内容です。このエピソードは、イエスのところに、律法学者たちが一人の女性を連れてきて、「この女は姦通しているときに捕まった。こういう女は石で打ち殺せと律法は命じている。あなたはどう考えるのか」と質問したところ、イエスは「あなたたちの中で罪を犯したことのない者がまず、この女に石を投げなさい」と答えた。するとイエスとその女性を残して、全員が立ち去った(つまり誰も石を投げられなかった)というものです。

この話は、他人を非難する前に、自分も罪を犯していることを反省しようというメッセージとして解釈できますが、この教科書は、その解釈を出す前に、当時の(すなわちキリスト教以前の)社会制度がいかに女性差別的であったかを詳しく説明しています。「姦淫をしてはいけない」というのは、モーセの十戒に含まれているのですが、

しかしこれは男性中心の戒《いまし》めであった。例えば姦淫した女性が現行犯でない場合は、全面的に夫の意思に従うようになっていた。したがって夫は自分の妻に姦淫の疑いがある場合は、証

人もなしに、相手の男性が捕まっておらず漠然とした疑惑の場合でも、妻を姦淫の疑いで訴えることができた。姦淫をした女性に対する告発は男性の義務でもあった（民数記五章一一～三一節）。しかし妻は、夫の姦淫が事実でもそうでなくても夫を訴えられなかった。

避けられない状況の中で強要された姦淫であっても、夫は姦淫をした妻と離婚しなければならず、女性は結婚で得た全ての権利を剝奪《はくだつ》される。また姦淫した男性と結婚することも許されなかった。（p.94）

さらに、姦淫の現場で捕まったというのなら、男性もそこにいたはずなのに、女性だけを捕らえて罰しようとしたのもひどい、と続いています。

第5章は生命倫理や環境倫理に関する内容ですが、最初の妊娠中絶、つまり女性に関する節と、他の四節には、さりげないながらも重大な違いがあります。中絶に関するカトリックの公式見解は「反対」です。しかし、この教科書は、そのことを書いていないのです。中絶には反対意見と容認意見があり、反対派は胎児であろうともその命を奪うのは殺人にあたると主張し、容認派は経済的事情等で育てられない場合もあるのだから、女性には産まないという選択肢も必要だと主張すると述べているだけです。それに対して、続く安楽死、クロー

(1) 수퍼맨의 영생을 위하여

①

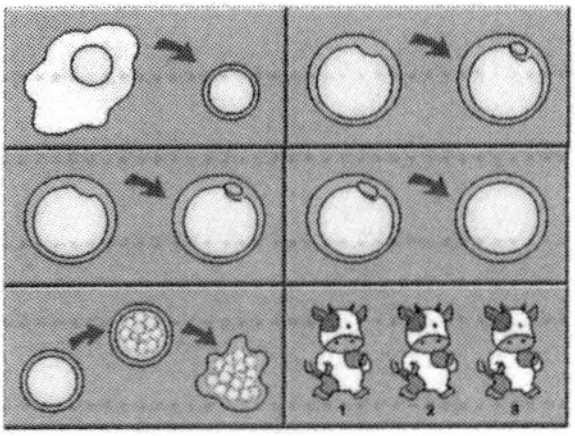

송아지 복제 과정

②

인간 복제를 주장하는
내용을 담은 책의 표지

③

1. 인간은 왜 누구나 영원히 살고 싶어하는가?
2. 인간은 과연 자신의 창조주가 될 수 있는가?

クローン人間をとりあげる節の扉。

(1) スーパーマンの永遠の命のために
①牛のクローン過程
②クローン人間を肯定する内容を記した本の表紙
③1. 人間はなぜ誰もが永遠に生きることを願うのか。
2. 人間は果たして自己の創造主になれるのか。(p.172)

ン人間など、同じく意見が分かれる問題については、カトリックの立場は「反対」だと明記し、公式声明から長文の引用すらしています。中絶反対というカトリックの立場は、女性の権利（産む産まないを自分で決める自由）を守る立場と対立してしまうので、触れられなかったのでしょう。

このように女性を尊重しようという姿勢が随所で感じられる一方、この教科書はマリア信仰にはまったく触れていません。日本のカトリック・ミッション系学校では、マリアはしばしば〝主役〟級扱いなのに、これはふしぎです。マザーテレサは大きくとりあげられているのですが。

他方、身分差別批判については、第4章の「本当の先生」という節が印象的です。この節は、夕食前にイエスが弟子たちの足を洗ったというエピソード（ヨハネ福音書一三章）が中心になっています。儒教は上下関係を重んじるため、弟子は師に礼をつくします。しかし、イエスは足を洗うという、本来なら召使が行うような行為を、弟子たちに対して行ったことが、ことさらに強調されているのです。これはやはり、儒教的師弟関係を意識してのものでしょう。

읽어 보기

하느님께서 세상을 창조하신 후에 처음 얼마 동안은 땅 위에서 사셨다는 이야기가 있습니다.

하느님은 사람들과 함께 사셨는데, 사람들이 아침부터 밤까지 하느님께 몰려와서는 어떤 사람은 자녀가 없다고, 어떤 사람은 자녀가 죽었다고, 어떤 사람은 사랑에 빠졌는데 부모가 반대한다는 등 온갖 문제와 하소연을 늘어 놓았습니다. 그 때문에 결국에는 하느님께서 지치시고 말았습니다.

그래서 마침내 하느님께서 조언자를 불러 말씀하셨습니다. "이 사람들이 도대체 나를 쉬게 내버려 두지 않는구나. 이러다가는 피곤에 지쳐 사람들을 볼 수조차 없게 될 것이다. 나는 사람들이 스스로 문제를 해결하도록 그들에게 지성과 능력을 주었는데도 그들은 항상 문제를 들고 나만 찾아오는구나. 그러니 내가 어떻게 하면 좋겠는가?"

조언자는 작은 소리로 "사람들이 도저히 찾아 오지 못할 장소가 한 곳 있습니다. 그리로 숨으시지요."

"그 곳이 어디인가? 어서 말해 다오."

"사람들의 내면으로 숨으시면 됩니다. 그들은 당신을 찾기 위해 온 세상을 다 뒤지고 다니겠지만, 그들 자신의 내면으로는 도저히 들어가려 하지 않을 것입니다. 그곳이라면 당신께서 편히 쉬실 수가 있을 것입니다."

행복은 어디있지?
幸せはどこにあるのかな？
행복
幸福
（札に書かれた言葉）

カトリックを前面に打ち出した最後の章にも、とおりいっぺんではない工夫があります。神はどのような存在なのかを説明した後に、ちょっと考えさせるこの物語が添えられています。

神がこの世を創造した後に、初めのうちは地上で暮らしたという話があります。

神は人間とともに暮らしましたが、人間が朝から晩まで神に群がり、ある人は子どもがいないと、ある人が、子どもが死んだと、またある人は愛している人がいるが両親が反対するなどと、あらゆる問題を投げかけ泣きつきました。そのためついに神は疲れてしまいました。

そこで神は助言者を呼び言いました。「彼らは私をゆっくり休ませてくれない。このままでは疲れ果てて人間に会うことすらできなくなってしまう。私は、自分で問題を解決できるよう人に知性と能力を与えたのに、彼らはいつも問題を抱えて私のところにばかりやって来る。されば私はどうしたら良いのか」

助言者は小声で「人が決して訪ねられない場所が一つあります。そこにお隠れください」

「それはどこなのか。早く教えなさい」

「人の心の中に隠れれば良いのです。人はあなたを探して全世界をくまなく訪ね回るでしょうが、自分の心の中までは決してやって来ないでしょう。心の中なら、きっとゆっくり休まるでしょう」(p.142)

そして、

1．足を洗う行動は何を象徴するのか？　お互いに足を洗ってみて、その感想や考えを文章や絵で表現してみよう。

2．イエスが足を洗う行為を今日の我々はどんな行動で表せるだろうか。（p.81）

というアクティビティ（体験学習）が続いています。

総じて、他の宗教も、伝統文化・土着信仰を尊重するけれども、それはなんでもよいということではない、韓国社会の悪しき習慣は率先して改めていこうという方針が強く見られる教科書です。韓国では現在、キリスト教徒が約三割、仏教徒が約二割だと述べましたが、ここまで見てきた他の八か国では、特定の一つの宗教が圧倒的多数派でした。すなわち、アメリカ、イギリス、フランス、ドイツ、フィリピンはキリスト教、トルコ、インドネシアはイスラム、タイは仏教が最大の宗教で、二番目の宗教の信者数はどこでも総人口の一〇％以下でした。多民族化しているといわれる欧米諸国でもなお、割合はそんなものなのです。そのため、多数派がマイナーな宗教をおしつぶさないようにという配慮が、教科書には目立っていました。それに比べると、韓国では、民族は単一性が高く、宗教勢力は分散しています。だからこそ、他宗教に対するライバル意識をやんわり組み込んでも、バランスがとれるのかもしれません。

おわりに

では日本の子どもたちは?

ここまで九か国の教科書を見てきましたが、先進国・開発途上国を問わず、キリスト教国・イスラム国・仏教国を問わず、政教分離制・国教制を問わず、そして統合型宗教科・分離型宗教科・社会科を問わず、特定の宗教を敵視することを教えているものはありませんでした。むしろ、「お互いに認め合おう」というメッセージがいたるところに見られました。本書の「はじめに」で述べた、共生と相互理解のための宗教教育を推進している欧米諸国だけでなく、トルコやアジアの国々でも、他宗教への寛容や平和を熱心に説いていたのです。調べることができたのはどの国についてもごく一部の教科書だけですが、どこでも日本の学習指導要領のような、すべての教科書がしたがうべきガイドラインを設けていますから、この点については残りの教科書も同様であろうと考えられます。

これら九か国は、アンケート調査では「宗教をもっている」と答える人たちが日本よりも多い国々です。それでは、宗教に関心のない人たちが目立つ日本では、宗教に対してどのような態度を学校は育てようとしているのでしょうか。

日本の教科書で宗教の題材をとりあげているのは、主に中学・高校の社会科です。「歴史」では日本や諸外国の宗教の歴史を、「地理」では日本や諸外国の人々の生活と宗教の関わりを学びます。とくに中学の「地理（的分野）」では、日本各地の祭りや行事がよく取り上げられています（「宗教」ではなく「伝統文化」として紹介している教科書が多いので、生徒たちは宗教について学んだとは思っていないかもしれませんが）。高校の「地理」では、現代の民族紛争と宗教の関係がよく問題にされています。

公民科の中では、高校の「倫理」教科書が、イエスとブッダの教えをはじめとする諸宗教の説明に、教科書全体の三〇％程度のページをあてています。「現代社会」の宗教の取り上げかたは、この「倫理」と「地理」の中間的な感じです。

このように、科目によって宗教のとりあげかたが違うので、どれを選択するかによって一人ひとりが学ぶ内容もだいぶ変わるのですが、全体的には、

①現在の諸宗教の姿よりも、過去の歴史的事件や、開祖（イエス、ブッダ、ムハンマド等）の

生涯・思想を学ぶことが多い。つまり、宗教は〝今も生きている〟ものではなく〝歴史・伝統を作ったもの〟として扱われる傾向がある。現在の信者を描くときにも、日本国内のヒンドゥー教徒やイスラム教徒ではなく、遠い国のそれらの信者が選ばれる。

②キリスト教と仏教の分量が多い。たとえばイギリスの宗教科教科書は、キリスト教、仏教、イスラム、ユダヤ教、ヒンドゥー教、シーク教という国内の主要宗教に同じ分量ずつページを配分するのが普通だが、日本は「三大宗教」（キリスト教、イスラム、仏教）中心で、なかでもキリスト教と仏教の比重が大である。

③「倫理」は、「イエスやブッダという先哲に学ぼう」というスタイルをとっている。それは、生徒側に特定の宗教に対するこだわりがないという暗黙の了解が教科書にあることを意味している。つまり、生徒はどの宗教からもその教えを吸収できるはず、という前提がある。クリスマス・パーティもやれば初詣《はつもうで》にも行く、クリスチャンでなくても教会で結婚式を挙げる、というのと似た発想で、さまざまな宗教の教えが誰《だれ》にでも役に立つものとして扱われている。実際には、自分の信仰とは違う宗教に見習えと言われたら、困ってしまう生徒もいるかもしれないのだが、そういったシチュエーションは想定されていない。

という傾向が見られます。いいかえれば、これらの社会科系の定番科目では、「他人の信仰を尊重する」を主目的とした教育が行われることはあまりないというのが現状です（③は、一見、さまざまな宗教を尊重しているように見えますが、「『ブッダの教えに学べ』というのは押しつけだ」と感じる生徒がいたとしたら、その生徒の信仰や立場は尊重されていないことになるのです）。

そこで、身近な外国人に偏見をもたず、その人たちの宗教を尊重しようという教育は、日本では「総合的学習の時間」などで試みられるケースが多いようです。宗教そのものを学ぶというより、「国際理解・異文化間教育」「多文化共生教育」として、外国人の生活文化を知りましょうというテーマのなかで、たとえばヒンドゥー教徒やイスラム教徒の食習慣について学ぶのです。実際にクラスのなかに信者の生徒がいたら、ヒンドゥー教やイスラムのお祭りのときの特別な食事や服装などを紹介してもらえると、楽しそうですよね。

ただし、そのような教育ではまだまだ足りないという声もあります。というのも、お祭りや、エスニック・フードや、民族衣装の類には、もともと日本人はわりあい寛容だからです。毎年、代々木公園でインド・フェスティバルが開催されていますが、二〇一〇年の来場者は一七万人だったそうです。教育するまでもない、ということです。ところが、そこへ「宗教」という言葉が入ると、がぜん警戒する人が出てくるのです。

宗教は目立たせない、のではなく

本書の「はじめに」で、二〇一〇年に起こったアメリカでのクルアーン焼却事件について触れましたが、日本でも二〇〇一年に、クルアーンが破棄されるという事件が起きていました。五月、すなわち同時多発テロが起こる前に、富山県富山市小杉町で起こったのですが、イスラム礼拝所のクルアーンが盗まれ、信者のパキスタン人が経営する中古車販売店前に、破り捨てられていたという事件です（当時、富山市にはパキスタン人は六〇人ほど、またイラン人、バングラデシュ人などを含む、イスラム教徒と推定される外国人は三〇〇人ほど住んでいるとされていました）。半年近く経ってから、犯人は二〇代のひとりの日本人女性だとわかったのですが、調べに対しては「父親を困らせるためにやった」と語っており、イスラム教徒に対して嫌がらせをしようという明確な意思はなかったようです。

しかし、信者にしてみれば、このうえなく神聖なクルアーンが冒瀆《ぼうとく》されたわけですから、彼らが、この事件はイスラムを憎む人たちのしわざだと思っても無理からぬことでした。事件直後、驚き、憤慨した信者たちが、富山の地元や東京の外務省前などで抗議のデモを行いました。

この事件では、明らかに信者たちは被害者なのですが、日本人の中には、彼らに同情するのではなく、集結して声をはりあげる外国人の姿をみて「イスラムは怖い」と感じたり、「日本に住みたいのなら、事を荒立てないでほしい。だいたい、そんなに大事なものなら、盗まれないようにカギをかけておくべきだった」と非難したりする人もいました。

そうなると、日本の社会では、「とにかくおとなしくしている方が好印象」ということになりますね。学校のなかでも、生徒がもっている宗教にはなるべく触れない方がよいという発想にもつながります。「Aさんは○○教徒です」と先生がことさらに紹介すると、そのことでいじめが起きるのではないかという心配があるわけです。国際理解教育・異文化間教育に造詣《ぞうけい》の深い、東京学芸大学の佐藤群衛《ぐんえい》教授によれば、信仰上の理由で特定の食べ物、たとえば豚肉を食べないという生徒がいる場合、日本の学校ではそれをアレルギーと同じように扱っているそうです。給食のとき、特定の料理を食べられない生徒が出るわけですが、「Aさんは卵がダメ、Bさんは豚肉がダメなのね」という程度で、なぜダメなのかをまわりの生徒たちに説明することがほとんどないということです。食品アレルギーと、宗教の戒律による禁止は違うのだと教えると、生徒たちには宗教とはなにかについての勉強になるはずなのですが。

外国ではどうかといえば、ヨーロッパ諸国の若者の意識調査を実施したヴュルツブルク大学のツィーベルツ教授によれば、ドイツの一〇代の若者たちは、外国人に対しては「何を信仰してもいいけれども、まわりに迷惑はかけないでね。あと、公の場では信仰をあまり誇示しないで、控えめにお願いします」という意識の人が大半だとのことです。その状況は、日本の若者ともあまり変わらないのではないでしょうか。しかし、違うのは、ドイツの教育は、宗教に正面から向き合うことで、同じ街、同じ学校のなかの異教徒の存在を可視化していますが、日本の教育は（少なくともこれまでのところは）、逆にそこを目立たせない傾向があるということです。腫《は》れものには触らないという、事無かれの発想です。

そういった近くの信者たちには光が当たらないまま、日本人の書く本やメディアのなかでは「○○教」について一方的なイメージがふくらんでいくというのが、今の日本の状況です。そのようなイメージの主なものに、唯一神教は不寛容だというものがあります。「キリスト教とイスラムはお互いを認め合っていない」というのはその最たるものです。しかし、これまで見てきた教科書では、キリスト教の側からユダヤ教やイスラムを、あるいはイスラムの側からキリスト教やユダヤ教をたたくということがないのはもちろんのこと、多神教の宗教を、偶像を拝む邪教だと非難することもありませんでした。これは、教科書だから本音は出さず、建前で済ませているからでしょうか。それとも、互いを認め合えないキリスト教徒とイスラム教徒は、実際には少数だということを意味するのでしょうか。あるいは、現実には認め合えない信者たちが多いから、教科書はその逆を説いているということなのでしょうか。

こういった問題を授業で、いろいろな宗教の人たちと率直に話し合うことができたら、彼らの信仰や考えを尊重することを学ぶ貴重な機会になるでしょう。でも、そのような機会は、全国の子どもたち全員が簡単にえられるわけではありません。そのため、実際の信者の人たちと、一方的なイメージの間のギャップは広がるままというのが現状です。

バイエルン州のカトリック用宗教科教科書「5章　ムスリムと出会う」の章扉。並び立つ教会の塔とモスクのミナレット（尖塔）。両方ともドイツ国内のもの。（*Religion vernetzt, 7*, p.101）

世界の教科書が語る宗教

筆者の願いは、本書によってそのギャップを少しでも埋めることです。外国の教科書を読むというのは、いろいろな宗教の姿を、日本人の先入見によらずに、その国の人たちの目を通して理解するという体験を可能にするからです。

教科書については、これを覚えよという先生もいれば、疑えという先生もいます。本書は、教科書には真実も偽りも書かれていることは承知の上で、しかし、九か国分並べることで、それらとはまた別の読み方ができることを示してきました。

まず、同じ宗教でも、国が変わると教科書の目の付けどころが違いました。たとえば、同じカトリックといっても、歴史遺産の面が強調されるフランスの歴史教科書、ユダヤ教との関係の作り直しが重大課題であるドイツ・バイエルン州の宗教科教科書、自国のカトリックのどこまでが植民者の影響でどこからがオリジナルなのかを考えさせるフィリピンの社会科教科書、カトリックに社会の旧弊を克服する使命を与える韓国の宗教科教科書というように、描かれ方が違いました。

さらに、どこでも共通な「教え」だけでなく、それぞれの国の信者の人たちが日々どう暮らしているのかを発見することもできました。同じイスラムといっても、イギリスの中学生はクリケット、インドネシアの小学生はサッカーがふだんやるスポーツらしいとか。サッカー好きのインドネシアの小学生は、ラマダーンの断食中、とても朝早くから起き、動いていました。イギリスの小学一年生用教科書では、イスラムの少女のバースデー・ケーキが、皆さんもおなじみの丸い洋風ケーキだというところも要チェックです（五七ページ）。トルコの子どもたちは、中学生のうちから、ザカート（喜捨）や犠牲祭で、何をどのくらい用意するのがよいのかを細かく学んでいました。タイでは仏教の僧侶《そうりょ》が尊敬されているという話は、日本の教科書にもときどき出てきますが、具体的にどう敬意を表しているのかがタイの教科書からわかりました。僧侶に対しては特定の敬語を使いマナーを守ること、それが中学生に対しても細かく説かれていました。

　教科書といえば、ふつうは「おもしろくない本」の代表ですが、こうしてテーマを絞って比較してみると、まったく捨てたものではありません。日本では専門書を開いてもなかなか現れない、各国の宗教のリアルな姿を知ることができました。本書をステップに、みなさんも、宗教には多様な見かたが可能だということを常に意識しながら、さまざまな情報や経験を増やしていっていただきたいと思います。

あとがき

本書は、二〇〇六〜〇八年にかけて、文部科学省科学研究費補助金を得て実施した共同研究（基盤研究B「世界の公教育で宗教はどのように教えられているか――学校教科書の比較研究」）の成果の一つです。教科書の翻訳・監訳・解説執筆をご担当下さったのは次の先生方です。

西野節男先生（インドネシア）名古屋大学大学院・教育学研究科・教授
市川誠先生（フィリピン）立教大学・文学部・准教授
寺戸淳子先生（フランス）専修大学・文学部・講師
伊達聖伸先生（フランス）上智大学・外国語学部・准教授
久保田浩先生（ドイツ）立教大学・文学部・准教授
矢野秀武先生（タイ）駒澤大学・総合教育研究部・准教授
川瀬貴也先生（韓国）京都府立大学・文学部・准教授
宮崎元裕先生（トルコ）京都女子大学・短期大学部初等教育学科・准教授

引用した教科書を収録した『世界の宗教教科書』DVDは、星野英紀元学長を中心とする大正大学八〇周年記念プロジェクトの一環として制作、大正大学出版会から出版されました。DVD新書化を筑摩書房にご提案くださったのは東京大学の島薗進先生、編集をご担当くださったのは金子千里さんです。

以上の方々と大正大学に対し、厚く御礼申し上げます。

同時に、本書中の事実誤認等の誤りについては、その責任はすべて筆者一人にあること、本書の主張もまた筆者個人のものであり、共同研究者の総意ではないことを申し添えます。

本書の初校が出る直前に、アメリカ同時多発テロ事件の首謀者とされてきたオサマ・ビンラディン殺害のニュースが入りました。歓迎する声もあれば、報復の連鎖・激化を恐れる声もあります。世界の人々が、他人への関心と尊重の態度をもつことは、簡単ではないのでしょう。しかし、教育はそれを決してあきらめないということが、本書でとりあげた九か国の教科書は示しています。

二〇一一年五月　藤原聖子

〈引用教科書一覧〉

※イギリス小学生用教科書のみ著作権所有者の許可を得て翻訳本『世界の宗教教科書』の抜粋ページを掲載。

◆アメリカ

Beverly J. Armento, et. al., *Across the Centuries*, Teacher's Edition, Houghton Mifflin Company, 1999. 山梨有希子訳

G. S. Mann, P. D. Numrich, R. B. Williams, *Buddhists, Hindus, and Sikhs in America* (Religion in American Life Series), Oxford University Press, 2002. 阿部貴子訳

◆イギリス

G. Robson, *Christians* ("Interpreting Religions" Series. Series editors: Judith Everington and Robert Jackson) Heinemann Educational Publishers, 1995. 穂積武寛訳

S. C. Mercier, *Muslims* ("Interpreting Religions" Series. Series editors: Judith Everington and Robert Jackson) Heinemann Educational Publishers, 1996. 穂積武寛訳

◆フランス

Martin Ivernel ed., *Histoire géographie 5e*, Hatier, 2005. 寺戸淳子訳

Martin Ivernel ed., *Histoire géographie 6e*, Hatier, 2004. 寺戸淳子訳

Anne-Marie Tourillon, *Éducation civique Demain Citoyens 3e*, NATHAN, 2003. 佐々木中訳・寺戸淳子監訳

◆ドイツ

Hans Mendle, Markus Schiefer Ferrari eds, *Religion vernetzt 7*, Kösel-Verlag, 2005. 久保田浩訳

Werner Wiater ed., *Kennzeichen C 9*, Auer Verlag, 2006. 山野貴彦訳

Werner Wiater ed., *Kennzeichen C 10*, Auer Verlag, 2002.　蝶野立彦訳

G-R. Koretzki & R. Tammeus, *Religion entdecken-verstehen-gestalten 7/8*, Vandenhoeck & Ruprecht, 2001.　宮嶋俊一訳

Ursula Wilke ed., *Ich bin gefragt, LER 7/8*, Cornelsen Verlag（Volk und Wissen Verlag), 1999.　久保田浩訳

◆トルコ

Mehmet AKGÜL et. al., *DİN KÜLTÜRÜ VE AHLAK BİLGİSİ İLKÖĞRETİM 8.SINIF*, MEB, 2007.　新実誠訳・宮崎元裕監修

◆タイ

Carat Phayakkharachasak, Kawi Isiriwan, *Nangsu,riang Sarakanrianru Phu,nthan Phraputthasasana Mo 3*, Watana Panich, 2005.　矢野秀武訳

◆インドネシア

Dra. Latifa et al., *Agama Islam: Lentera Kehidupan Sma Kelas XII*, Yudhistira, Bogor, 2004.　西野節男監訳

Achmad Farichi et al., *Agama Islam: Untuk Kelas 1 Sekolah Dasar*, Yudhistira, Bogor, 2004.　西野節男監訳

◆フィリピン

E. D. Antonio, et. al., *Makabayan 1～6*, Proact Rex, 2004.　市川誠監訳

◆韓国

カトリック教育財団協議会編『高等学校　宗教』カトリック文化院　二〇〇二年　古田富建訳・川瀬貴也監訳

ちくまプリマー新書162

世界《せかい》の教科書《きょうかしょ》でよむ〈宗教《しゅうきょう》〉

二〇一一年七月十日　初版第一刷発行
二〇二〇年十一月十日　初版第四刷発行

著者　藤原聖子（ふじわら・さとこ）

装幀　クラフト・エヴィング商會
発行者　喜入冬子
発行所　株式会社筑摩書房
東京都台東区蔵前二-五-三　〒一一一-八七五五
電話番号　〇三-五六八七-二六〇一（代表）

印刷・製本　中央精版印刷株式会社

ISBN978-4-480-68865-1 C0214 Printed in Japan